습관
영어

습관 영어

초판 1쇄 발행 2019년 7월 5일

초판 2쇄 인쇄 2019년 7월 12일

지은이 김태훈

펴낸이 이형도

펴낸곳 망고나무

전 화 031-908-8516(편집부), 031-919-8511(주문 및 관리)

팩 스 0303-0515-8907

주 소 경기도 파주시 회동길 219(문발동 518-1), 사무동 4층 401호

홈페이지 www.iremedia.co.kr

이메일 ireme@iremedia.co.kr

등 록 제396-2004-35호

편집 양선화, 김은혜, 이치영

디자인 9mm

마케팅 한동우

재무총괄 이종미

경영지원 김지선

ISBN 979-11-88279-57-9 13190

• 가격은 뒤표지에 있습니다.

• 잘못된 책은 구입하신 서점에서 교환해드립니다.

이 도서의 국립중앙도서관 출판예정도서목록(CIP)은 서지정보유통지원시스템 홈페이지(http://seoji.nl.go.kr)와
국가자료종합목록시스템(http://www.nl.go.kr/kolisnet)에서 이용하실 수 있습니다. (CIP제어번호: CIP2019021763)

•

망고나무는 ㈜이레미디어의 실용서 브랜드입니다.

나눔의 기쁨을 알려 주는 망고나무를 본받아 건강한 양서를 만들고, 판매 수익 중 일부를 기부합니다.

또다시 영어공부를──
시작하는 당신에게

습관
영어

김태훈 지음

망고나무

또다시 영어 공부 서적을 집어 든 당신에게

한국 사회에는 두 가지 유형의 사람이 있다. 첫째, '영어를 잘하고 싶어 했으나 잘하게 되지 못한 사람'이 있다. 둘째는 '영어를 잘하고 싶어 했고 실제로 잘하게 된 사람'이다. 이 둘의 공통점은 '영어를 잘하고 싶어 했다'는 것이다. 한국 사람치고 영어를 잘하고 싶어 하지 않는 사람은 없을 것이다. 유창한 영어 구사 능력이 한국인에게 가져다주는 유익이 막대하기 때문이다.

영어 정복에 대한 한국인들의 오래된 바람을 반영하듯, 매년 새해 다짐 설문조사 결과에서 영어 공부는 다이어트, 금연 등과 함께 늘 최상위권을 유지한다. 설문조사 기관에 따라 결과는 조금씩 다르지만, 매년 한국 전체 인구의 약 20~50%가 새해 목표로 영어 공부를 꼽는 것으로 집계된다. 그렇다면 그만큼 한국인의 평균 영어 실력이 극적으로 향상되어야 하겠지만, 잘 알다시피 실제로 그런 일은 일어나지 않는다. 매년 영어 공부를 새해 다짐으로 삼는다는 것 자체가 그 방증이다. 많은 한국인이 매년 영어 공부 계획만 세우고 실패하기를 반복하고 있는 것이다. 도대체 무엇이 문제일까?

이러한 현상 뒤에는 여러 문제들이 복합적으로 작용하고 있으나, 그중 가장 큰 문제점은 바로 학습자들의 '편법 선호 경향'이다. 현대인들은 모든 것을 빨리 끝내고 싶어 한다. 식사도 빨리, 수면도 빨리, 운동도 빨리하길 원하고, 심지어 사랑도 명상도 빨리 해치우길 원한다. 이런 시대에 살다보니 외국어 학습도 빨리하길 원하는 학습자들이 대부분이다.

"다음 달에 해외 취업 면접 가는데, 그 전까지 회화를 어떻게 늘릴 수 있을까요?"

"말하기를 빨리 늘리려면 어떻게 해야 하나요?"

"단기간에 에세이 실력을 높이는 팁 좀 알려주세요."

실제로 내가 학습자들에게서 받았던 질문들이다. 한국에서 나고 자라 영어 실력 향상에 도움이 된다면 뭐든 닥치는 대로 다 해봤고, 그 결과 원어민에 준하는 영어 실력을 갖추게 된 나조차 이런 질문에는 답을 찾아줄 수가 없다. 왜냐고? 최소의 노력으로 단기간에 영어 실력을 극적으로 개선하는 방법은 단언컨대 존재하지 않기 때문이다.

외국어 습득이란 해당 외국어만 사용하는 환경에서 24시간을 보내며 이를 악물고 공부를 해도 상당히 많은 시간이 걸리는 일이다. 그럼에도 불구하고 한국 영어 학습자들은 학습 기간과 학습량을 최소로 잡고 최상의 학습 결과가 나오길 바라는 경향이 있다. 성장기에 있는 아이가 당신에게 와서 "어떻게 해야 키가 더 빨리 클 수 있어요?"라고 묻는다면 어떻게 답하겠는가? "잘 먹고 잠 많이 자면 돼"와 같은 둘러 대기 식의 답변을 해줄 수는 있겠지만, 실제로 이런 조언은 전혀 도움이 되지 않는다는 걸 스스로가 잘 알 것이다. 키가 크는 데는 시간이 걸리는 법이다. 내년에 클 키를 올해 앞당겨서 클 수는 없는 것이다.

외국어 학습도 이와 마찬가지인데, 많은 학습자들은 이 사실을 깨닫지 못한다. 그리고 이러한 학습자의 성향을 매우 잘 이해하고 있는 영어교육 업체들은 이를 악용해 자기들 주머니를 채우기에 바쁘다. 학습자들은 있지도 않은 편법을 찾아 헤매고, 교육 제공자들은 있지도 않은 비법이 있는 것처럼 그럴싸하게 꾸며 유명인을 내세운 마케팅에 수십 억 원씩 쏟아붓는 게 오늘 한국 영어교육 시장의 민낯이다. 대규모 펀딩을 받는 영어교육 업체들만 신이 났다. 이런 업체들은 학습자들이 영어 공부에 실패하는 것을 도리어 반긴다. 그래야 새해에 또 자사의 교육 상품을 사줄 것이 아닌가. 매년 이런 업체들에 돈을 갖다 바치고 영어 공부에 실패하기를 반복하고 있으니 이 정도면 온 국민이 '영어학습세'를 내고 있다고 보아도 과언이 아니겠다.

이 책을 집어 든 당신은 영어 학습의 편법을 찾아 헤매다 실패하기를 반복하는 굴레에서 마침내 탈출할 수 있는 기회를 마주하고 있다. '8주면 영어가 들린다' 혹은 '6개월이면 원어민이 된다'는 말도 안 되는 상술에 인생을 낭비하지 말자. 이제 그만 속을 때도 됐다. 시간이 걸

리더라도 제대로 된 방법으로, 각자에게 의미 있는 학습 성과를 내는 것을 목표로 하자. 그 목표를 달성하기 위해서 영어 학습을 일상화, 습관화하자.

학습자들이 영어 학습에 실패하게 되는 이유에 대한 분석부터, 한국에서 나고 자라 영어를 마스터하게 된 이야기, 영어 학습을 습관화하는 구체적 전략과 목표별 학습 실천 팁까지, 이 모든 것을 이 책 한 권에 담았다.

많은 독자들이 이 책을 통해 영어 학습에 대한 새로운 시각을 갖추고 궁극적으로 인생의 질을 높일 수 있기를 바란다.

목
차

《습관 영어》를 200% 활용하는 방법!

같은 책을 읽어도 독자마다 원하는 것, 얻어 가는 것이 다릅니다. 책 목차에 구애받지 말고 다음 설명을 참고하여 본인이 원하는 순서에 따라 책을 읽어주시면 됩니다.

Q.

한국에서 영어 공부에
성공하기 어려운
이유가 궁금하다면?

▶

1장부터!

영포자(영어 포기자)를
낳는 한국 영어교육,
사회 분위기의 구조적
문제를 분석한다!

Q.

영포자들이
잘못하고 있는 것들이
무엇인지 궁금하다면?

▶

2장부터!

영포자들이 그동안
저질러온 실수들을
꼬집어보고 이 실수들이
낳는 문제들을 따져본다!

Q.

한국에서 영어를
마스터한 저자의
영어 학습 비결을
알고 싶다면?

▶

3장부터!

저자의 자전적
영어 학습 이야기!
저자는 어떤 삶을
살아왔길래 한국에서만
공부하고도 영어를
잘하게 되었을까?

Q.

저자가 운동을
하며 직접 깨달은
습관 형성의 비밀을
알고 싶다면?

▶

4장부터!

저자가
직접 경험한
습관 형성기!

Q.

영어 공부,
마침내 성공할 수 있는
학습법에 대해
알고 싶다면?

▶

5장부터!

100% 성공하는
영어 공부법을
알아보자!

1
장

누구는 8주 만에 자막 없이 미드를 본단다.

또 누구는 6개월 만에 원어민 수준이 됐단다. 그런데 왜 나는 평생 영어를 붙들고

해결을 못하는 걸까? 머리가 나쁜 걸까, 의지박약인 걸까?

어렸을 때는 영어 때문에 이렇게까지 괴롭지 않았던 것 같은데,

나는 어쩌다가 영어와 철천지원수가 되었을까?

학원도 다녀보고, 전화 영어도 해보고 나름 노력도 해본 것 같은데...

안 되는 원인을 모르니 해결책을 찾을 길이 없지 않은가?

아... 답답하다!

영어
잘하기
힘든
나라

영포자 직장인
김 대리의 이야기

오늘 점심시간에 부서 사람들과 함께 밥을 먹던 중 박 부장이 말했다.

"일종의 넛징을 해주는 거지."

'가만히 있으면 중간이라도 간다'는 말은 이때 쓰라고 있는 걸까. 나도 모르게 입이 방정을 떨었다.

"부장님, 넛징은 어떤 서비스를 말하는 겁니까?"

"김 대리, 넛징을 몰라? 야~ 너 입사 어떻게 했냐? 넛지 마케팅nudge marketing[1]할 때 '넛지' 이 사람아. 쿡 찌르다, **nudge**, 몰라? 에이~ 김 대리 영어 공부 좀 해야겠네."

나의 민망함을 못 본 체해주려고 한 걸까, 같이 앉아 있던 사원들의 시선이 빠르게 사방으로 흩어졌다.

나는 소위 말하는 영포자다. 영어 포기자. 내가 처음부터 영포자였던 건 아니다. 어렸을 땐 나름 재미있게 영어를 배웠고, 학교에서 시키는 것만 해도 성적은 잘 나오는 편이었다.

하지만 중학교 진학 이후부터 영어는 나와 원수지간이 되었다. 초등학교 때는 놀이식, 대화식 학습 위주여서 나름 즐기면서 영어 공부를 했었는데, 중학교에 가자 갑자기 문제만 지겹게 풀게 했다. 외워야 할 문법 규칙은 또 왜 그렇게 많은지. 초등학생일 때는 하루 수업이 모두 끝날 때까지 에너지가 넘쳤었는데, 중학교 영어 시간에 태어나서 처음으로 수업 시간에 엎드려 잠을 잤던 기억이 난다.

중간고사, 기말고사를 보면 늘 영어가 평균을 다 깎아먹었다. 보다 못한 어머니가 영어 과외 선생님도 붙여주고 애를 많이 써주셨지만, 이미 내가 영어에 흥미를 잃어버린 터라 밑빠진 독에 물 붓기였다.

고등학교에 가면서 영어가 더욱 싫어졌다. 처음으로 수능 영어영역 모의고사를 풀었을 때의 충격을 아직도 잊지 못한다. 고 1에서 고 2로 학년이 하나 더 올라가자 수업 시간에 배우는 영어 지문이 갑자기 훨씬 더 어려워졌다. 이때부터는 도저히 수업을 따라갈 수 없다는 생각이 들었다. 다른 친구들은 잘 따라가는 것 같아 보였다. 나는 언어 체질이 아니었던 걸까.

---

1 소비자가 특정 선택을 하도록 간접적으로 유도하는 마케팅 전략

대학은 가야 하니 고 2 여름방학 때부터 EBS 문제집을 닥치는 대로 풀어댔다. 암기에는 자신이 있었기 때문에 통째로 지문과 해석을 다 외워버리고 단어도 미친 듯이 외웠다. 하지만 모의고사 성적은 제자리걸음이었다. 내가 공부해서 하나를 깨치면 문제는 둘, 셋만큼 더 어려워져 있었다.

듣기 문제는 외운 단어만 드문드문 들렸고 맥락을 전혀 이해하지 못했다. 그러다보니 함정으로 만들어놓은 보기를 찍었다가 틀리기 일쑤였다. 영어만 붙들고 있을 수도 없었기 때문에 영문법은 일찌감치 포기했다. 영어 모의고사 문법 문제는 매번 볼 것도 없이 그냥 3번으로 찍었다. 독해 지문들 역시 외운 지문이 응용되어 나오면 쉽게 풀었지만, 처음 보는 지문은 절반도 이해를 못 했다. 문제를 붙들고 의미 없는 씨름을 하다가 시험 종료를 알리는 종이 치면 부랴부랴 아무 답이나 찍어 답안지를 제출하곤 했다.

공대에 진학하고 나니 영어로 스트레스 받는 일은 별로 없었다. 그런데 졸업할 때가 되니 또 영어가 발목을 잡았다. 국제화 바람에 대학들이 너도나도 졸업 요건에 공인영어점수를 포함시킨 것이다. 그나마 억지로라도 영어를 들여다보던 고등학교 시절이 나았다. 한참을 영어랑 담쌓고 살았는데 공인영어점수를 내라는 말에 눈앞이 깜깜해졌던 기억이 난다. 4학년 1학기가 끝나고 대형 어학원에 등록해 편법만 익혀서 간신히 졸업 요건에 충족하는 공인영어점수를 만들어냈다.

이제 취업만 하면 영어를 쓸 일이 없겠지 했었는데... 요즘은 이공계 출신들도 스피킹 점수가 있어야 승진이나 발령 등에서 유리한 시대가 되어버렸다. 전화 영어며 오픽 강의며 이것저것 해봤지만 매번 별 소득이 없었다. 외국 파트너사에서 전화라도 올 때면 초라한 내 영어 실력 때문에 작아지는 내 자신이 싫다. 언제쯤 영어로부터 자유로워질 수 있을까.

기필코 새해에는 영어 공부 할 거다. 내가 더럽고 치사해서 영어 공부 성공하고 말 거다. 잠깐, 이 말을 작년에도 했던 것 같은데......

영포자라서
미안해

　한국에서 영어를 잘하는 것은 자랑거리다. 반면 영어를 못하는 것은 부끄러운 일로 여겨지는 경우가 많다. 한국 사람들은 자신이 영어를 못한다고 말할 때 어김없이 멋쩍은 웃음을 짓는다. 여태껏 살면서 "저 영어 못해요"라고 당당하고 자신 있게 말하는 한국인을 본 적이 없다. 따지고 보면 참 의아한 현상이다. 잠시 다음의 상황을 상상해보자. 길거리에서 중동 국가 출신의 사람이 당신에게 다가와 아랍어로 말을 걸어 왔다. "저 아랍어 못해요"라고 말하는 당신의 표정은 어떠한가? 영어를 못한다고 말할 때처럼 무슨 잘못이라도 한 듯한 표정을 짓고 있는가? 아마도 '나 한국 사람이야. 내가 아랍어를 어떻게 해?'와 같은 생각을 할 사람들이 많을 것이다. 개인의 성격과 성향에 따라 차이는 있겠지만, 아랍어를 못한다고 할 때와 영어를 못한다고 할 때 느껴지는 민망함에는 확연한 차이가 있다. 도대체 왜 그럴까? 둘 다 똑

같은 외국어 아닌가?

　여기에는 크게 네 가지 이유가 있는데, 첫 번째로 영어가 교육과정에 포함된 정규 과목이라는 점을 들 수 있다. 한국에서 영어는 '언어'이기 이전에 수학이나 과학처럼 '공부 과목'으로 간주되기 때문에 영어를 잘한다는 것은 우수한 학업 능력과 동일시되는 경향이 있다. 반대로 영어를 잘하지 못하면 무식한 사람 취급을 받기도 한다.

　두 번째로 한국인들이 미국이라는 나라에 대해 가지고 있는 일종의 문화 사대주의를 원인으로 들 수 있다. 한국전쟁 이후 '미제'라는 말만 들어도 한국 사람들의 눈이 번쩍 뜨이던 시절이 있었다. '미국 유학파'라고 하면 따져볼 것도 없이 사회 엘리트층으로 간주되기도 했다. 시간이 흘러 세계 무대에서 한국의 정치·경제적 위상은 몰라볼 정도로 높아졌지만, 그럼에도 여전히 한국인들의 사고 곳곳에는 미국에 대한 일종의 동경심이 남아 있다. 할리우드나 뉴욕 같은 미국의 지명을 듣는 것만으로도 가슴이 설레고, 미국으로 어학연수를 가거나 주재원으로 나갈 기회가 있으면 어떻게든 가려고 애를 쓰는 게 대부분 한국인들이다. 이렇게 의식 밑바탕에 미국에 대한 호감을 갖고 있는 사람들이 많다보니, 미국의 공식 언어인 영어를 능숙히 구사하면 긍정적으로, 반대로 영어가 서툴면 부정적으로 보게 되는 것이다. 자연히 영포자들은 자신의 영어 실력이 드러날 때마다 민망함을 느낄 수밖에 없다.

　세 번째 이유는 완벽하지 않은 영어를 배척하는 사회적 분위기다. 이는 올바른 언어 사용을 추구하는 문법학자들이나 정확한 영어를 가르치려는 교육자들의 노력과는 별개의 문제이다. 비전문가인 일반인들조차 완벽하지 않은 영어에 알레르기 반응을 보이는 경향이 있다. 어떻게든 영어를 배워보려고 외국인들과 어설프게나마 대화를 시도하려 하면, 주변 사람들의 조롱 섞인 눈초리가 쏟아진다. "쟤는 무슨 용기로 저러지?", "저 사람은 창피한 줄도 모르나?"라는 수군거림은 덤이다. 이는 체면을 중시하는 한국 문화와 관련이 있다. 한국인들은 남들의 시선과 평가에 굉장히 민감하기 때문에 완벽하지 않은 것을 드러내는 데 거부감이 강하다. 그러니 완벽하지 않은 영어 구사자에게는 질타가 쏟아지고 어쩌다 짧은 영어를 드러내게 된 영포자들은 미안함과 민망함을 느끼게 되는 것이다.

네 번째 이유는 이러한 사회적 분위기를 더욱더 강화하는 대중 매체의 영향이다. 일례로 MBC 예능 프로그램 〈나 혼자 산다〉에 소개된 배우 이시언 씨 여행기를 들 수 있다. 이시언 씨가 공항에서 마주친 외국인과 대화 도중 **"Don't speak English."** (영어 쓰지 마.) 라고 말하자 어김없이 웃음이 터지는 효과음이 삽입됐다. 이와는 대조적으로 교포나 유학파 출신 연예인이 TV 프로그램에 출연해 영어를 화려하게 구사하면, MC를 비롯한 게스트들의 탄성이 터지고 박수가 나온다. 이러한 장면에 거듭 노출된 대중은 자신이 깨닫지도 못하는 사이, 영어를 못하는 것은 열등하고 우스운 것으로 인식하게 된다. 영포자에서 탈출하려면 자꾸 틀리면서 배워야 하는데, 영어 실수가 열등한 것으로 간주되는 사회 분위기 탓에 더욱더 위축되고 아예 포기하게 되는 것이다.

사실 따지고 보면 한국인이 외국어인 영어를 잘하지 못하는 것은 너무나도 자연스러운 일이지 않은가. 그럼에도 불구하고 한국의 영포자들은 마음 한편에 늘 죄책감과 모종의 열등감을 갖고 살아가게 된다. 영어를 못해서 미안한 영포자들, 이들은 정말 미안함을 느껴야 하는 걸까?

실패하도록 설계된
한국 영어교육 시스템

영어 실력이 보잘것없어 미안한 영포자들은 사실 그 누구에게도 미안해할 필요가 없다. 영포자가 된 것은 상당 부분 한국의 영어교육 제도 탓이기 때문이다.

한국에서 나고 자라 한국에서만 영어를 배운 사람 중 영어를 유창하게 하는 사람이 주변에 몇이나 있는지 생각해보자. 거의 없거나 손에 꼽을 것이다. 참으로 의아한 일이다. 국가 차원에서, 또 온 국민이 영어 공부에 그렇게 많은 돈과 시간을 투자하는데 왜 결과가 없는 걸까?

이는 한국의 영어교육이 공교육, 사교육 할 것 없이 실패할 수밖에 없도록 설계되어 있기 때문이다. 판이 잘못 짜여 있으니 학습자가 제 아무리 열심히 해보았자 한계에 부딪힐 수밖에 없다. 그렇다면 한국의 영어교육은 무엇이 잘못된 걸까? 여러 문제 중 크게 두 가지 문제점에 주목해보고자 한다.

첫째, 영어교육의 타이밍이 잘못되었다. 요즘은 유아 시절부터 영어 조기교육을 받아온 아이들이 많아져서, 서로 영어로 수다 떠는 장면을 흔히 목격할 수 있다. 이는 예전 같았으면 상상도 못할 광경이다. 영어 조기 교육열이 지금처럼 뜨겁지 않았던 시절, 어린아이들이 **"Hi, how are you?" "I'm fine, and you?"**만 잘해도 박수를 받던 때가 있었다.

나의 초등학교 시절에는 교육과정에 영어가 없었다. 6년 동안 알파벳조차 가르치지 않았다. 지금 생각해보면 정말 기가 막히는 일이다. 흔히들 언어 습득에서 '결정적 시기the critical period'라고 보는 유아기부터 사춘기까지 중 상당 기간을 아무것도 하지 않은 채 허비해버린 영어 학습자가 대다수라는 이야기이다. 원어민에 가까운 영어 실력을 갖출 수 있는 기회를 국가 차원에서 놓쳐버린 셈이다. 교육과정이 개정되면서 영어교육 시작 학년이 점점 더 낮아졌지만, 오늘날 대부분의 한국 성인 영어 학습자들은 이 과도기적인 시기에 초등학교를 다녔기 때문에 제때 영어 공부를 시작하지 못했다. 이들은 이와 같은 국가 교육정책의 피해자라고 봐도 과언이 아니다.

결정적 시기의 중요성은 차치하더라도, 초등학생 시절 6년 혹은 상당 기간을 다 놓쳐버리고 나서 뒤늦게 알파벳을 처음 배운 학생들이 수능 이전까지 주어진 짧은 기간 동안 대학에서 수학할 수 있는 영어 실력을 갖춘다는 것 자체가 애초에 말이 안 된다. 중·고등학교 시절

내내 영어만 공부할 수 있는 것도 아니거니와, 설사 그렇다고 해도 영어를 숙달하기에는 턱없이 짧은 시간이다. 훨씬 더 이른 나이에 영어를 가르쳤어야 한다.

물론 영어교육의 타이밍 문제는 요즘 세대 학생들에게는 해당되지 않는다. 교육과정이 바뀌면서 초등학교 때부터 영어를 교육하고 있고, 많은 아이들의 경우 초등학교 입학 전부터 미리 영어를 배운다. 오히려 학부모들이 너무 일찍 자녀에게 영어를 가르치려고 해서 문제일 정도이다. 아직 한국어도 다 깨치지 못한 아이들에게 원어민 보모를 붙이기도 하고, 매년 영어 유치원 온라인 등록이 시작되면 10초만에 모두 매진되기 일쑤다. 그 결과 어린 학생들의 평균 영어 실력은 과거와 비교할 수 없을 정도로 크게 좋아졌다. 하지만 문제는 어린아이들의 영어 실력만 늘었다는 것이다.

한국 영어교육의 두 번째 문제는 교육자들의 '교육 실력'이 수십 년 동안 제자리걸음이라는 것이다. 그나마 과거보다는 그 수가 줄었지만 영어 교사들 중에는 스스로가 영어를 못한다고 자조 섞인 고백을 하는 분들이 상당히 많다. 임용고시가 말하기와 듣기 등을 포함한 실전 영어 구사 능력을 보는 시험이 아니다보니, 이 시험을 통과했다고 해도 영어회화 능력이 상당히 부족하거나 영미 문화에 대한 이해가 얕은 경우가 많다. 해가 지날수록 아이들의 실력은 점점 더 좋아지는데, 교사들이 그만큼 영어 실력을 개선할 여력이나 의욕이 부족하다보니 학생들 간에 교사에 대한 불신이 생긴다. 영어를 뛰어나게 잘하는 몇몇 학생이 선생님의 영어 실력에 의문을 제기하면 영어를 못하는 학생들도 덩달아 선생님을 무시하고 나선다. 이런 분위기 속에서 제대로 된 영어 학습이 가능할 리 없다.

셋째, 교육의 중요한 일부분인 '평가 방식'도 조금도 개선되지 않았다. 시간이 흐르고 세대가 바뀌었지만 영어교육의 목표는 여전히 시험에서 고득점하는 학생 만들기에 머물러 있다. 그나마 초등학교 영어교육은 다양한 시도를 통해 변화하는 학생들에게 발맞추고자 노력해왔지만 딱 거기까지이다. 중학교와 고등학교까지 이런 교육이 연결되지 않는다. 영어 실력이 늘어가는 아이들을 보며 수능 출제 위원들이 생각해낸 거라고는 읽기 위주의 영어시험 문제를 변별력 유지라는 미명하에 더 어렵게 만드는 일뿐이었다. 그 결과물이 오늘의 수능 영어영역이다. 한국 학생들이 치러야 하는 수능 영어영역 시험 문제는 명문대 출신 영어 원어민들도 어려워할 정도로 난해해져버린 지 오래다.

이렇게 어려운 문제를 술술 풀어낼 정도로 균형 잡힌 영어 실력을 갖춘 학생들이 많지 않다보니 학교도 학원도 영어시험의 답을 찾는 방법만 가르친다. "보기부터 읽어라" 또는 "5번 보기부터 거꾸로 살펴라" 등 전수하는 전략들도 각양각색이다.

읽기에 편중된 영어 평가 제도를 보완하기 위해서 듣기 평가, 말하기 시험, 서술형 평가 등이 진행되지만 대부분 주먹구구식으로 운영될 뿐, 실질적인 영어 실력 향상을 도모하는 학습은 이뤄지지 않는다.

상황이 이러하니 어려서부터 영어 실력이 좋았던 아이들, 외국에서 학교를 다니다가 한국에 들어온 학생들까지도 한국 중학교, 고등학교를 거치며 오히려 영어 실력이 퇴보한다. 말하기와 듣기, 쓰기, 영어 토론 등 실질적인 영어 실력 향상을 위한 학습은 전혀 이뤄지지 않고 쓰지도 않을 난해한 영어를 공부하느라 아까운 시간을 허비하기 때문이다.

이게 우리가 처한 영어교육의 현주소이다. 영어 발음, 단어의 뉘앙스, 자연스러운 말하기, 영어권 국가의 문화 등을 가르칠 여력 따위는 없다. 의욕에 불타오르는 교사가 이런 것들을 가르치려고 들면 돌아오는 것은 "진도나 제때 빼라", "모의고사 평균 어떻게 할 거냐"라는 식의 핀잔뿐이다. 시험 문제 답을 하나라도 더 맞힐 수 있도록 준비시키기에도 바쁜데 이런 '부수적인 것들'을 가르칠 여유가 어디 있느냐는 것이다.

선생님이 시킨 대로 열심히 영어 공부를 해도 이러한 환경에서는 쓸 만한 영어 실력을 갖출 수가 없다. 성실한 학생일수록 영어 점수와 실질적인 영어 실력의 간극이 커지는 웃지 못할 상황이 발생한다.

성인이 되어서도
실패는 계속된다

지긋지긋한 수능 영어시험을 치르고 나면 영어에서 자유로워질 줄 알았다. 그러나 힘들게 대학에 입학한 영포자들을 기다리고 있는 또 다른 영어시험들이 있다. 그건 바로 공인영어시험. 졸업 혹은 취업을 하려면 공인영어점수가 필요하다는 사실을 알고 먼지 쌓인 영어 학습서들을 다시 뒤적거려보지만, 그나마 있던 영어 실력마저 사라져서 정말이지 답이 없는 상태.

토익, 토플, 아이엘츠, 오픽, 텝스 등 공인영어시험들은 수능 영어영역과는 또 다른 차원의 멘붕을 선사한다. 수능 때 외웠던 어휘들과 너무나도 다른 어휘들을 새롭게 익혀야 하고, 읽기뿐 아니라 중·고등학교 때 눈 가리고 아웅 식으로만 했던 말하기와 쓰기도 공부해야 한다. 이런 공부를 갑자기 혼자 하자니 갈피를 못 잡겠고, 스터디 그룹에 참여해 다른 사람과 같이 공부하자니 서로 아는 게 없어 같이 헤매다가 끝이 난다. 결국 스트레스도 풀 겸 '치맥타임'으로 스터디를 마무리 짓기 일쑤이다. 빠듯한 주머니 사정에 시험 응시료도 비싸 재정적으로도 큰 부담이다.

단기간에 필요한 점수를 만들어내야 하다보니 어쩔 수 없이 또 어학시험 고득점 '스킬'을 가르쳐준다는 학원에 등록한다. "토익 문제는 어떤 것이 주로 답이다", "스피킹 시험 사진 묘사 시에는 이 템플릿에 단어만 바꿔라" 등 고등학생 때와 똑 닮은 편법 위주 학습이 이어진다. 당연한 이야기이지만, 이렇게 돈을 퍼붓고 시간을 쏟아붓는 동안 진정한 영어 실력은 여전히 제자리걸음이다. 점수를 내기 위한 공부에 골몰하다보면 어떻게든 당장 발등에 붙은 불은 끄지만, 딱 거기까지만이다. 대부분의 영어 학습자들은 이렇게 잘못 짜인 학습의 틀 속에서 사회가 요구하는 시험 점수만 쫓다가 영어를 이내 포기하고 만다.

초등학교, 중학교, 고등학교 내내 나를 괴롭힌 것도 모자라서 대학과 직장에서까지 나를 괴롭히는 존재이니 영포자들은 영어를 좋아할수가 없다. '나는 한국 사람인데 내가 왜 이렇게 영어에 시달려야 하나' 싶다가도 '결국 바뀌는 것은 없을 테니 더럽고 치사해도 내가 공부하자' 마음을 다잡고 다시 책을 펴본다. 하지만 결과는 늘 또 다른 실패이다.

이렇게 거듭된 영어 학습 실패로 인해 영어에 대한 부정적인 인식이 굳어지고, 영어 학습을 성공으로 이끄는 것은 더욱 어려워진다. '난 영어는 안 돼'라는 생각이 한번 자리 잡게 되면, 영어 학습을 시작하기 위한 동기부여 과정도 훨씬 더 어려워질 뿐만 아니라, 결국 실패로 돌아가더라도 이를 대수롭지 않게 여기게 된다. 이러한 과정이 반복되면 영어는 더 싫어지고, 영어 정복이라는 목표는 저만치 멀리 도망가 버린다.

부정적 페어링을
낳는 교육

이 책을 집필하기 시작하면서 영포자들에 관해 다양한 각도로 많은 생각을 해보게 되었다. 그러다가 영포자들을 직접 만나기로 결정했다. 실제 영포자들의 경험담을 듣는 것보다 더 효과적인 방법은 없겠다는 판단에서였다.

현재 운영 중인 유튜브 채널 Bridge TV에 일대일 인터뷰 의사가 있는 영포자를 찾는다는 광고를 올렸고, 많은 신청자들 중 대표성을 가질 만한 네 분을 선정하여 직접 만나보았다.

인터뷰 대상자는 영어 실력과 성장 배경 등을 고려하여 유사 케이스별로 두 명씩 두 조로 나누었고, 하루 한 조씩 인터뷰를 진행했다.

첫 번째 조 인터뷰 대상자들은 자신의 영어 실력이 매우 부족하다고 설명했다. 이유는 달랐지만 두 사람 모두 어릴 때부터 영어가 너무 싫고 두려웠다고 말했다.

20대 중반의 프리랜서 엔지니어 A씨. A씨는 나의 유튜브 채널에서 늘 많은 응원을 보내주었던 오래된 팬이어서 나 역시 만남이 기대되는 분이었다.

직접 만나본 그는 차분한 옷차림에 수줍음이 많았다. A씨는 조심스럽게 자신의 어린 시절 이야기를 시작했다.

"저는 일곱 살 때, 어머니께서 지금으로 치면 영어 유치원이라고 하나요? 영어마을... 그때가 한참 영어마을 붐이 일어서, 파주 영어마을에 초등학교 때까지 한 3년 정도 보내주셨어요."

여기까지 듣고 나서는 매우 의아했다. 보통은 어렸을 때 일찌감치 영어에 노출이 되면 영어를 자연스럽게 터득하기 마련인데, 어째서 이런 분이 영포자가 된 것일까? A씨는 나의 이런 반응을 예상했다는 듯 설명을 이어나갔다.

"저는 언어가 선천적으로 부족해요. 한국어도 마찬가지이고 언어에 있어서 이해를 잘 못해요. 뭐랄까, 마치 안면인식장애가 있는 것과 비슷해요. 저 같은 경우는 언어가 좀 그래요."

"아, 그랬군요."

"그래서 다른 친구들은 입이 트여서 블라블라 말을 하는데, 저 같은 경우는 한마디도 말을 못 했던 것 같아요."

의아함이 안타까움으로 바뀌는 순간이었다. 어린 나이에 부모님도 없이 홀로 영어마을에 가서 자신이 선천적으로 못하는 것을 억지로 하게끔 강요받았으니... 겁도 나고 소외감도 들어 많이 괴로웠을 것이다.

A씨의 설명에 따르면, 모든 것을 영어로 말해야 하는 상황이 너무 큰 부담으로 다가와서 그때부터 영어가 싫어졌다고 한다. 이렇게 시작된 영어와의 '악연'은 중학교, 고등학교에 가서도 계속됐다. 이미 영어가 싫어진 뒤라서 영어 공부를 일부러 더 안 했다는 A씨. 영어를 잘하는 사람만 봐도 이유 없이 그 사람이 싫어졌다고 했다.

"영어는 그냥 저한테는 완전히 적이었어요. 영어 같은 언어는 없어져야 된다고 생각할 정도였어요."

역시 같은 날 인터뷰를 진행한 20대 후반의 청년 사업가 B씨는 매우 똑 부러지는 인상의 소유자였다. 약속 장소에 먼저 와서 책을 읽고 있던 B씨는 영어 학습을 해온 이야기를 묻자 역시 영어와의 첫 만남이 그다지 좋지 않은 기억으로 남아 있다고 했다.

"영어 노래 있잖아요. 그런 것들을 그냥 외워서 쓰면 100점을 줬어요."

"아, 영어를 암기로 처음에 접하셨구나."

"네, 그러다 보니 저는 어렸을 때부터 그냥 영어는 어렵다는 생각이 바로 자리 잡게 된 거예요."

이렇게 형성된 영어에 대한 거부감은 안타깝게도 B씨가 대학에 갈 때까지도 해결되지 않고 오히려 증폭되었다. 거부감이 더 커지게 된 가장 큰 이유는 B씨가 학창 시절에 만난 영어 선생님들 때문이라고 했다.

"중학교 때 영어학원에서 제가 답을 말했는데 틀리잖아요? 그럼 완전 놀림을 당하는 거예요."

"같이 수업을 듣는 친구들한테요?"

"아뇨, 선생님이요. 그럼 애들도 다 같이 놀렸죠. 그렇게 되면서 영어를 하고자 하는 마음을 그냥 버렸던 것 같아요."

엔지니어 A씨와 청년 사업가 B씨가 영포자의 길을 걷게 된 가장 큰 원인은 두 사람 모두 영어를 처음 접했을 때 부정적인 감정을 느꼈다는 것이다. 영어를 배웠던 경험에 대해 두 사람이 썼던 단어들을 살펴보면 '싫다', '적대적', '시간낭비', '힘들다', '얼어붙다', '답답하다' 등 부정적인 단어들이 주를 이뤘다.

이처럼 어떠한 대상에 특정한 감정이 결부되는 현상을 심리학에서는 페어링pairing이라고 부른다. 한번 페어링이 일어나면 나중에 전혀 다른 맥락에서 동일 대상을 접했을 때도 그 감정이 느껴지게 된다. 만일 당신이 영어를 처음 접했을 때 두려움과 창피함을 느꼈다면, 다른 상황에서 영어를 접해도 마찬가지로 두려움과 창피함을 느끼게 된다는 것이다.

이들이 느꼈던 부정적인 감정의 근원에는 개인의 성향이나 한계가 고려되지 않은 학습 환경이 있었다. A씨의 경우, 언어에 대한 습득 능력이 다른 아이들보다 부족함에도 불구하고 이에 대한 충분한 고려 없이 영어만 사용해야 하는 환경에 놓이게 되었다. 몰입해서 영어를 쓸 수 있는 환경이 영어를 습득하는 데 99%의 아이들에게 효과적이라고 해도 A씨에게는 부작용만 야기하는, 전혀 맞지 않는 환경이었던 것이다. B씨의 경우도 마찬가지이다. 개인의 성향에 따라 선생님이 놀리는 것을 가볍게 넘기고 넘어갈 수 있는 학습자들도 있지만, 이에 크게 상처받고 영어 공부를 포기하는 B씨 같은 학습자들도 있게 마련이다. 또한 단순 암기가 차라리 편한 학습자도 있겠지만 B씨처럼 단순 암기를 부담스럽고 무의미한 것으로 여기는 학습자들도 많을 것이다. 후자에 속하는 학생들의 경우, 영어 공부 자체가 스트레스로 다가올 테니 영어를 잘하기가 매우 어려워진다.

놀랍게도 A씨와 B씨는 지금은 영어가 너무나 좋다고 말했다. 무엇이 달라졌을까? 그 계기에 대해서 물었다.

A씨의 경우 나의 유튜브 채널을 발견한 것이 전환점이라고 했다.

"선생님 채널은 뭔가 다른 유튜버들과는 달리 저에게 직접적으로 영어 지식을 전달한다는 느낌을 받았어요."

B씨의 경우에는 최근 다닌 일반인 대상 어학원에서 만난 선생님들이 변화의 계기가 되어주었다고 했다.

"선생님들이 정말 너무 잘 가르쳐요. 틀린 걸 직접 깨닫게 유도해주시더라고요."

A씨와 B씨는 모두 성인이 되고 나서, 영어라는 대상에 얽혀 있던 부정적인 감정의 연결고리를 스스로 끊을 수 있는 계기를 찾았다. 다수에게 맞춰져 있는 커리큘럼이 버거웠던 A씨는 구독자 한 명, 한 명에게 직접적으로 다가오는 인상을 준 나의 유튜브 채널을 통해서 페어링을 벗어날 수 있었고, 섬세하지 못하고 비효율적으로 가르쳤던 교사들로 인해 마음의 문을 닫았던 B씨는 인내심을 갖고 효과적으로 가르치는 선생을 만나 페어링을 극복했다.

A씨나 B씨처럼 영어에 얽힌 부정적인 감정을 제거할 계기를 스스로 만들어내려면 선행되어야 하는 것들이 있다. 먼저, 영어라는 것이 나에게 어떠한 감정을 야기하는지 되돌아봐야 한다. 그다음 영어가 싫거나 어렵게 느껴지기 시작했을 무렵 발생했던 유의미한 사건들을 떠올려보자. 그리고 그 사건에서 결정적으로 어떠한 부분이 영어를 싫거나 어렵게 느끼게 만들었는지 따져보자. 그리고 나서 이러한 문

제를 해결해줄 수 있는 영어 학습 방법을 떠올려보자.

이처럼 스스로 답을 내려보는 작업은 영어를 잘하기 위해서 필수적이다. 방법론을 논하기에 앞서 문제에 대한 근본 원인을 따져보고 가능한 해결책들을 모색해보지 않는다면 의미 있는 영어 실력 향상을 기대할 수 없다.

다음 표에 해당 사항을 직접 적어 내려가보길 바란다. 펜을 들고 종이 위에 생각을 써 내려가는 행위는 추상적인 생각들에 형체를 부여하는 데에 매우 효과적이다. 최대한 솔직하고 상세하게 다음 표를 채워보자.

부정적인 페어링을 극복하고
나에게 맞는 학습법을 찾기 위한 자가진단표

1 | '영어'라는 말을 들었을 때 제일 먼저 떠오르는 감정들은 무엇인가?

....

....

....

2 | 영어가 싫어졌을 때 혹은 어렵게 느껴지기 시작했을 때 발생한 사건들에는 어떠한 것들이 있는가?

....

....

3 | 그 사건에서 구체적으로 어떠한 요소가 영어에 대한 거부감이나 부담감을
갖게 하였는가?

....

....

....

4 | 3번에 기입한 부정적인 요소가 배제된 더 나은 영어 학습 방법에는 어떠
한 것들이 있는가?

....

....

....

영어학원은 당신이
실패하기를 원한다

나는 직업이 여러 개다. 프리랜서 통번역사, 통번역 강사, 대학 외래 교수, 유튜버 등 정말 다양한 일을 하고 있지만, 가장 열정적으로 임하는 분야를 꼽으라면 망설임 없이 영어와 통번역을 가르치는 일을 꼽을 것이다.

운이 좋게도 나는 중 2 때 이미 내가 평생 하고 싶은 일이 영어 강사라는 것을 알았다. 일단 워낙 영어를 좋아했다. 어린 시절 나는 영어를 주입식이 아니라 만화영화나 카드 게임 등을 통해서 놀듯이 배웠기 때문에 영어 공부가 늘 즐거웠다. 또한 영어 강사가 되면 돈을 많이 벌 수 있을 것 같았다. 내가 초등학교 고학년에 접어들 때쯤, 어머니의 사업 실패로 집안 형편이 어려워졌다. 그래서 어린 마음에 내가 좋아하고 잘하는 영어를 가르치면 행복과 돈이라는 두 마리 토끼를 다 잡을 수 있을 것이라고 생각했던 것이다.

수능이 끝난 직후 19세 때부터 동갑내기 예비 재수생들에게 수능 영어를 가르치기 시작했다. 그때 이후 지금까지 참 다양한 영어 강의를 해왔다. 파닉스[2], 발음, 초등학교 영어, 중학교 영어, 수능 영어, 토익, 토플, 텝스, 영어회화, 영어토론, 영어 인터뷰, 직장인 영어, 영어 통번역까지 안 해본 강의가 없다. 과외 교사, 보습 학원, 인터넷 강의, 중소 어학원, 대형 어학원 등 영어 사교육의 모든 현장에서 직접 학생들을 대하고 가르치는 일을 해왔다.

이렇게 아주 오랫동안 다양한 형태로 사교육 시장에서 일해온지라 자연스레 한국 영어교육 시장의 생리를 매우 잘 이해하게 되었다. 영어교육 업체들이 어떠한 마음으로 학생들을 대하는지, 또 어떠한 마케팅 전략을 사용하는지 등을 직접 가까이에서 봐왔기 때문에 학생의 시각에서는 알기 어려운 것들을 많이 알고 있다.

그중 한 가지 불편한 사실을 고발하고자 한다. 그것은 바로 '영어학원은 당신이 실패하기를 원한다'는 것이다.

여기서 말한 '실패'란 대입에 실패하고 취업에 실패하고 승진에 실패하는 것을 말하는 것이 아니다. 여기에서 내가 말하고 있는 '실패'는 바로 '영어 학습 실패'이다. 무엇이 다르냐고? 매우 다르다. 전자는 '단기적 목적 달성', 후자는 '궁극적인 목적 달성'에 해당된다는 점에서 그렇다.

사교육은 비즈니스다. 교육을 제공한 대가로 돈을 받고 수익을 내

---

2 알파벳이 결합될 시 어떻게 소리 내어 읽어야 하는지 가르치는 수업

는 비즈니스이지, 교육을 위한 비영리 공익사업이 아니다. 이 '비즈니스'라는 요소를 빼고는 사교육을 제대로 이해할 수 없다. 장기적인 비즈니스 성공을 위해 가장 근본적으로 필요한 것이 무엇일까? 바로 '안정적인 수요'이다.

"This is iPhone 7. It has a gorgeous new design."
아이폰 7을 소개합니다. 디자인이 정말 아름답고 새롭습니다.

2016년 9월, 애플이 아이폰 7을 공개했던 특별 행사에서 CEO 팀 쿡이 한 말이다. 당시 나는 아이폰 6를 사용하고 있었고 새로운 아이폰이 나오면 핸드폰을 바꿀 마음으로 기대감에 부풀어 행사를 지켜보았다. 마침내 아이폰 7의 디자인이 공개되었을 때 그 실망감이란.

"야~ 이놈들 완전 날로 먹네!"

나도 모르게 야유 섞인 말이 튀어나왔다. 누가 봐도 전 모델에서 디자인상으로 달라진 게 거의 없는데 아름답고 새로운 디자인이라며 소개를 하는 모습이 오만해 보이기까지 했다.

물론 새로운 상품을 만들 때 외관 디자인이 전부는 아닌 걸 소비자들도 잘 알고 있다. 또 이미 완벽에 가까운 디자인이라면 굳이 매번 다 뜯어고칠 필요가 없다는 말도 일리가 있다. 그러나 매년 제품의 내부와 외관 모두 가시적인 혁신을 거듭했던 애플이기에 기대와 결과물의 불일치는 사용자의 큰 실망감을 자아내기에 충분했다. 애플 또한 이러한 소비자들의 반응을 예상하지 못했을 리 없다. 그럼에도 불구하고 왜 애플은 별다른 바 없는 디자인의 핸드폰을 그대로 출시했을까?

답은 간단하다. 안정적 수요를 위해서다. 매년 규칙적으로 신상품을 내놓아 수익을 올려야 하는 애플 같은 업체가 매번 보유하고 있는 신기술, 새 디자인을 총동원해 새 상품을 만든다면 혁신의 속도가 출시 주기를 따라잡지 못하는 순간이 찾아오게 된다. 이렇게 되면 실망한 사용자들의 이탈이 발생하고 결국엔 수요가 불안정해진다. 이런 상황을 미연에 방지하기 위해 IT 업체들은 미리 개발해놓은 좋은 기술, 좋은 디자인을 조금씩 나누어 제공하는 것이다. 사용자들의 단기적 만족만 생각한다면 가지고 있는 신기술, 새 디자인을 모두 제공해주어야 옳지만, 수요의 안정화를 따진다면 좋은 것을 한꺼번에 주면 안 되는 것이다. 안정적인 비즈니스 운용을 위해 고객에게 최선이 아닌 것을 제공하는 경우이다.

이제 다시 한 번 사교육 시장에 대해서 생각해보자. 영어학원 운영자들이 한국 국민의 궁극적인 영어 실력 향상을 원할까? 사업체의 사업 가치관에 따라 정도의 차이는 있겠지만 대부분의 경우 그렇지 않다. 온 국민이 영어를 잘하게 되는 날, 영어 사교육에 대한 수요는 사라진다. 이렇게 되면 대한민국의 대부분 영어학원은 문을 닫아야 한다. 바로 이 때문에 영어학원들은 대입, 취업, 승진 등 단기적인 목적 달성을 돕는 것에 주력한다. 진정한 영어 실력 향상을 위한 커리큘럼을 개발해 제공한다고 해도 이런 진정성 있는 교육을 찾는 학습자도 적을뿐더러, 미래의 잠재 수요를 좀먹는 사업 방식이라는 점에서 장기적인 비즈니스 모델로 적합하지도 않다.

이런 경향은 대형 영어교육 업체일수록 더 강하게 나타나는데, 이는 교육 사업의 규모가 커지면 커질수록 학생과 강사 개개인보다는 사업체의 이윤과 실적이 더 중요해지기 때문이다. 사업 규모와 비례하여 투자액은 커지게 되고, 이에 따른 리스크도 함께 커진다. 요즘 연예인들을 앞세운 영어교육 업체들이 많은데, 연예인의 영향력에 따라 적게는 수억 원에서 많게는 수십 억 원까지 광고 모델료를 지불한다. 이렇게 거금을 투자한 업체 입장에서는 어떤 식으로든 안정적이고 장기적인 수요를 창출해내야 한다. 이를 위해 영어교육 업체들은 월별, 분기별, 연도별 매출 데이터와 수강생 수강 패턴 데이터를 기반으로 어떻게든 학생들이 더 오래, 더 많은 돈을 쓰도록 만든다. 영어교육업체에게 가장 이상적인 비즈니스 상황이란, 영어를 잘하고 싶어하는 학습자들이 계속해서 영어 학습에 실패하고 지속적으로 교육 상품을 구매해주는 상황일 것이다. 헬스장으로 친다면 연초에 등록만 해놓고 잘 안 나오다가 다음 해가 밝으면 몸짱이 되겠다며 또 등록을 하러 오는 회원 수가 많아야 좋은 것과 유사하다.

물론 그렇다고 해서 학원에서 만난 강사 선생님들을 모두 돈만 밝히는 가식 덩어리라고 여길 필요는 없다. 학원의 우선순위와 강사의 개인적 우선순위는 철저히 별개의 문제이기 때문이다. 사실 학생들을 진정으로 위하고 열과 성을 다해 가르치는 선생님들이 그렇지 않은 선생님들보다 훨씬 더 많다. 실제로 진정성 있는 교육을 위해 애쓰는 영어 강사들이 매출과 진정성 사이에서 갈등하며 힘들어하는 사례를 많이 보았다.

하지만 학원 또는 영어교육 업체에 소속되어 있는 한, 강사들은 피고용인으로서 운영 방침의 큰 흐름을 따를 수밖에 없다. 진정성 있는 교육을 하려는 것 자체를 나무랄 교육 업체 운영자는 없겠지만, 이러한 진정성도 어디까지나 매출이 잘 나올 때 존중을 받는 것이다. 자본주의 사회에서 매출 없는 진정성은 무능이다. 비즈니스는 비즈니스인 것이다.

그렇다면 이런 사실이 개개인 학습자에게 시사하는 바는 뭘까? 영어교육 서비스를 소비하는 주체로서, 학습자들은 이런 영어교육 업체들의 상술을 알아보는 눈을 갖추어야 한다.

요즘 단기 영어 완성을 주장하는 영어교육 업체들이 판을 친다. 나는 어릴 때부터 영어를 또래들보다 잘했고 평생에 걸친 지독한 노력 끝에 오늘의 영어 실력을 완성했다. 언어적 재능이 뛰어난 사람들도 평생의 노력이 있어야 원어민에 준하는 실력을 갖출 수 있다는 말이다. 그런데 영어와 담을 쌓아왔던 영포자들이 8주 만에, 6개월 만에 영어를 능숙하게 구사할 수 있다니, 코웃음이 절로 난다. 정말 우습기 짝이 없고 듣고 있으면 복장이 터지는 상술이다. 영어에 대한 기초가 전혀 없는 상태에서 8주나 6개월 만에 영어를 능수능란하게 익힌 사례 자체가 알려진 것이 없거니와, 설령 그런 능력을 갖춘 언어 천재가 이 세상 어딘가에 있다고 쳐도, 언어 천재가 아닌 일반 영포자들에게 갖는 의미는 별로 없다.

　이런 상술들이 계속해서 여러 형태로 등장하는 이유는 이런 교육 상품이 잘 팔리기 때문이다. 편법을 찾는 소비자들이 많다보니 이런 교육 상품들이 먹히는 것이다. 교육 서비스의 소비 주체로서 우리는 이제 좀 더 현명해질 필요가 있다. 이런 말도 안 되는 상술에 이제 그만 속기로 하자. 이런 상술에 속아 영어 학습을 해도 실력은 제대로 늘지 않는다. 결국 영어 학습은 실패로 끝날 것이고 또다시 비슷한 상술에 속아 돈을 쓰는 악순환만 반복될 뿐이다. 이런 영어교육 업체에 쓸 돈이 있다면 차라리 아껴두었다가 그 돈으로 영어 공부를 열심히 한 날 맛있는 저녁을 사 먹자.

Q. 그럼 단기간에 영어를 습득하는 방법은 아예 없는 건가요?

물론 영어의 특정 부분을 집중적으로 학습한다면 그 부분만 가시적인 변화가 있을 수는 있어요. 하지만 그걸 '영어 습득'이라고 표현할 수는 없겠죠. 영어 습득을 위해 필요한 학습의 임계질량을 채우지 않으면 어떤 학습법을 채택하든지 간에 영어 습득이 불가능해집니다.

단기간에 영어를 습득했다고 하시는 분들이 제시하는 영어 학습법들을 보면 보통 과학적으로 효과성이 입증된 학습법이 아니라 자기 자신, 즉, 개인이 효과를 본 학습법들인 경우가 많습니다. 이처럼 경험적 근거에 입각한 학습법의 문제는 불특정 다수의 학습자에게 똑같이 효과적일 수 없다는 것입니다. 학습자마다 서로 언어적 재능이나 영어 실력, 학습 환경 등이 다르기 때문이죠.

예를 들어 언어적인 재능이 뛰어난 사람이 있다고 가정해봅시다. 이 사람이 미국에 가서 1년 동안 밤낮 없이 영어 공부만 했다고 했을 때, 이걸 평균적인 언어 감각을 가진 학습자가 한국에서 1년 만에 따라할 수는 없습니다. '이 사람이 1년 만에 했으니 나도 1년이면 엄청나게 달라지겠구나'라고 생각하면 큰 오산입니다.

효과적인 학습법을 모색하는 일 자체는 중요합니다. 하지만 '영어 습득까지 걸리는 시간'이 학습법을 채택하는 기준이 되어서는 안 됩니다. 그 시간은 사람마다 다를 수 있으니까요. 시간이 걸리더라도 나의 약점을 가장 잘 보완해줄 수 있는 학습법을 찾는 것이 바람직합니다.

2장

'그래, 결국 한국 사회가 문제였고, 한국의 고장난 영어교육 시스템이 문제였어!
매년 영어 공부를 더 열심히 해도 뒤처지기만 하는 걸 보고 내가 진작에 알았지!'
이런 생각을 하며 자기 위안을 하기엔 이르다.
물론 사회의 책임, 공교육·사교육 제도의 책임이 가장 큰 것이 맞지만
그렇다고 영포자들이 잘못한 게 전혀 없다는 말이 아니다.
영포자들은 무엇을 잘못하고 있을까?
영포자들이 흔히 범하는 실수들에 대해서 알아보자.

영어 잘하기 어려운 습관

HABIT ENGLISH

새해에는 영어 공부
할 거야!

　새해가 밝으면 분주해지는 곳이 있다. 바로 헬스장이다. '올해는 몸 짱이 되어보리라' 다짐하며 러닝머신에 몸을 싣는 이들이 하나둘씩 모여들어 헬스장을 가득 메운다. 연초가 대목인 업계가 또 있다. 바로 영어 사교육 업계이다. 새해가 밝을 때마다 많은 영포자들이 철천지원수 같은 영어를 기필코 정복하리라 굳은 결의를 다지며 학원으로 향한다. 물론 대부분의 경우 이 결의의 유효기간은 한두 달이다. 3월 즈음이 되면 헬스장도 영어학원도 썰렁한 바람이 분다.

　매년 이렇게 다짐만 하고 운동 습관 기르기에 실패하는 사람들과 매년 영어 학습을 다짐하지만 거듭 실패를 경험하는 사람들은 서로 닮은 점이 많다.

　첫째, 구체적인 목표가 없다. 연초에 헬스장에 오는 사람들은 '살을 빼자,' 혹은 '근육질 몸을 만들자'와 같은 막연한 목표를 가진 사람들이 대부분이다. 정확히 몇 kg을 감량하고 싶은지, 신체 부위 중 어느 근육을 집중적으로 키우고 싶은지, 목표 달성까지 기한은 얼마로 잡을 것인지 계획하고 오는 사람들은 거의 없다. 일단 와서 트레이너에게 몸짱을 만들어달라는 식인 경우가 많다.

영어 학습자들도 이와 유사하다. 영어를 왜 공부하고 싶은지 물으면 대부분 '스피킹을 늘리고 싶어서'라든지 '회사에서 영어 쓸 일이 많아서'와 같은 막연한 목표를 가지고 있다. 구체적으로 영어의 어떤 부분을 어느 정도 개선하고 싶은지, 언제까지 그걸 익혀서 어떻게 사용할 것인지에 대한 확실한 목표나 계획이 없다.

너무나 뻔한 사실이지만, 목표가 불분명하면 좋은 결과가 있기 어렵다. 목표가 없는 노력은 결승선이 없는 달리기 같은 것이다. 결승선까지 얼마나 남았는지도 알 수 없고 옳은 방향으로 뛰고 있는 것인지도 확신이 안 들 것이다. 자연히 더 쉽게 지치고 포기하고 싶어진다. 동기를 상실하기 딱 좋은 조건이다.

둘째, 비현실적인 목표를 세운다. 헬스장 앞에 가보면 그리스 신화에나 나올 것 같은 완벽한 몸매의 남녀 트레이너들 사진이 세워져 있다. '나도 운동해서 저렇게 되어야지' 하고 야심차게 헬스장에 등록하지만 실제로 그렇게 될 가능성은 거의 없다. 현실을 직시하자. 우리는 트레이너 같은 몸짱이 될 수 없다. 감탄이 절로 나오는 그런 몸매를 가꾸기 위해서 트레이너들이 쓴 시간과 돈, 노력을 생각해보라. 그들의 몸매는 먹고 싶은 것 다 참아가며 몇 년이고 헬스장에서 살다시피 운동을 해서 얻어낸 결실이다. 부러운 마음이 드는 것은 어쩔 수 없지만 운동을 업으로 하는 이들처럼 몸짱이 되고자 하는 것은 일반인에게는 지나치게 비현실적인 목표이다. 비현실적인 목표는 없는 것보다 못하다. 애초에 이룰 수 없는 목표였기 때문에 실패를 해도 죄책감이 덜 들고, 이 과정이 반복되면 실패에 익숙해져버린다.

영어 학습도 마찬가지이다. 영어 전문가처럼 영어를 잘하고 싶다는 비현실적인 목표는 영어 학습 성공을 막는 걸림돌이 된다. 밥 먹고 영어만 한 사람과 일주일에 몇 시간 학원에 겨우 나와 공부하는 사람의 실력이 같을 수가 없지 않은가? 운동이 되었든 영어 학습이 되었든 현재 내 위치를 제대로 파악하고 단계적으로 실현 가능한 목표를 세우고 실천해야 성취감도 느껴지고 장기적인 습관 형성이 가능하다.

셋째, 충분한 노력을 안 한다. 운동과 영어 공부는 선순환을 만들기까지 충분한 노력이 수반되어야 한다. 그런데 이 두 가지에 사람들이 실패하는 가장 흔한 이유는 바로 '노력 부족'이다. 몸짱이 되고 싶다면서 헬스장에 안 간다. 야식이나 고칼로리 음식도 끊지 않는다.

영어 학습자도 마찬가지이다. 영어를 잘하고 싶다면서 공부를 거의 안 한다. 그나마 양반인 축에 속하는 영어학원 학습자들도 수업에 나가서 벌 받듯이 앉아 있는 게 전부이다. 학원 건물을 나서는 순간 복습에 대해서는 생각도 하지 않는다. 일주일에 학원에 두어 번 나가고 한두 시간 앉아 있는 것만으로도 영어가 늘 수 있다면 영어를 못할 사람이 어디 있을까. 영어를 잘하기 위해서는 투자해야 하는 최소한의 시간이 있다. 이 시간을 투자하지 않은 채 있지도 않은 편법 학습법을 찾아 헤매는 것은 어리석은 일이다.

넷째, 새해가 밝을 때까지 기다린다. 살을 빼겠다며 헬스장을 다니 겠다는 사람들 중 오늘 당장 시작하는 사람들을 찾아보기 어렵다. 살을 빼고 싶다는 사람들이 매년 하반기가 되면 흔히들 하는 말이 있다. 바로 "내년부터" 운동을 하겠다, "내년부터" 식단을 관리하겠다는 말이다. 영어 학습자도 마찬가지인데, 새해까지 기다렸다가 새해만 돌아오면 영어 공부를 하겠다고 달려든다.

하지만 습관이라는 것은 형성하기에 적절한 시기가 있는 게 아니다. 지금 당장 시작하라. 이 책을 집어 들고 있는 지금, 책을 잠시 내려두고 영어학원에 등록하자. 영어 학습서를 둘러보러 서점에 가보자. 무얼 망설이는가? 지금 이 책을 잠시 내려놓고 행동을 취하자. 정 그게 귀찮다면 온라인 서점에라도 들어가보자. 즐기듯이 볼 수 있는 미드, 영드, 영화, 유튜브 비디오, 뭐든 좋다. 지금 시작하자. 영어 공부, 적기 타령하며 기다리지 말자. 영어 공부를 시작하기 좋은 때는 이 글을 읽고 있는 바로 이 순간이다. 지금 시작하자.

영어 공부 할
시간이 없는
학습자들

다시 영포자 인터뷰로 돌아가보자. 내가 만나본 두 번째 인터뷰 대상자들은 공인영어점수 등 객관적 지표에 따르면 영어를 잘하는 축에 속하지만, 실질적인 영어 구사 능력에는 자신이 없다고 말하는 사람들이었다.

한 전자 회사의 기후변화 대응 담당인 직장 생활 15년 차 워킹맘 C씨는 00학번으로 이공계 대학을 나왔다. C씨는 고등학교에 진학한 후, 영어보다는 수학이나 과학이 더 적성에 맞다고 느꼈다고 했다.

"학창 시절에 영어 교육은 어땠어요? 어떤 애로 사항이 있었나요?"

"저는 입시 위주로 영어 공부를 했어요. 그런데 아시다시피 예전에는 수능이 지금처럼 어렵지가 않았잖아요? 그래서 수능 영어 같은 건다 맞았었어요."

수학이나 물리처럼 숫자를 사용하는 과목을 더 잘했지만 입시 영어
는 큰 부담이 없었다는 C씨. '전형적인 공부 잘하는 이과생' 케이스였
다. 수능뿐만 아니라 공대 진학 후 입사할 때도 공대생치고 높은 토익
점수를 따서 입사했다고 했다.

한국 사회에서 이공 계열 전공자 기준 아주 우수한 영어 성적을 유
지해왔음에도 불구하고 C씨가 원하는 실질적인 영어 실력을 아직 갖
추지 못한 이유가 궁금해졌다.

"일하시는 시간하고 육아에 쓰는 시간 외에 온전히 스스로에게만
쓸 수 있는 시간이 하루에 얼마나 되나요?"

"밤 12시에서 새벽 1시까지 깨어 있는다고 했을 때 잘해야 한두 시
간 정도?"

C씨는 새벽같이 출근하여 퇴근 후 육아 및 집안일을 조금 하다보면
금세 밤 10시가 되어버린다며 시간이 부족한 워킹맘의 고충을 털어놓
았다. 주말이면 축구 선수가 되고자 하는 아들의 시합 및 연습을 따라
다니느라 시간이 거의 없다고 했다.

같은 날 만난 또 다른 인터뷰 대상자 D씨는 초등학생과 중학생에게
영어를 가르치고 있는 영어 강사였다. D씨는 원래 회사원으로 사회

생활을 시작했다가 강사로 전향한 지 반년 정도가 되었다고 했다. 토익도 900점이 넘고 토익 스피킹은 레벨 7을 받지만 실전 영어에는 자신이 없다고 털어놓았다.

"학원 강사이시면 아무래도 개인 시간이 많이 없겠네요?"

"그렇죠. 오전에는 주로 수업 준비를 하고요. 오후에 출근해서 강의를 하고 나면 밤에 퇴근해서 두세 시간 정도만 여유가 있어요."

나 역시 다양한 사교육 업체에서 일을 해보았던지라 D씨의 생활 패턴을 쉽게 짐작할 수 있었다.

"그 두세 시간 동안은 보통 아무것도 하기 싫지 않나요?"

"그렇죠. 시간도 부족하지만 아무래도 일이 끝나고 나면 몸이 많이 지친 상태이고, 그러다보니 영어 공부를 위한 노력이 좀 부족했던 것 같아요."

C씨와 D씨의 공통점은 영어 공부를 위한 시간 부족을 호소했다는 것인데, 이처럼 스스로 바쁘다고 인식하고 있는 영어 학습자들이 영어를 잘하게 되는 것은 그렇지 않은 학습자들보다 몇 배로 더 어렵다. 이는 비단 공부할 시간이 없어서만은 아니다. 바쁘다는 것이 영어

공부를 미뤄도 되는 결정적인 핑계가 된다는 것이 진짜 문제이다. 상대적으로 덜 바쁜 사람이 영어 공부가 필요하다면서도 공부를 전혀 하지 않으면 게으르다는 비난을 받기 일쑤이지만, 누가 봐도 바쁜 사람들이라면 영어 공부를 뒤로 미루더라도 '그래, 너 엄청 바쁘잖아 이해해' 이런 식으로 너그럽게 받아들여진다. 이걸 무의식적으로 인지하고 있는 바쁜 학습자는 심리적인 부담에서 자유롭기 때문에 영어 공부를 쉽게 미뤄버리고 만다. 이렇게 자신의 영어를 방치하는 굴레가 형성되는 것이다.

그럼 이런 경우 전혀 해결책이 없는 것일까? 그렇지 않다.

영어를 잘하게 되는 방법에 대해서 잠시 생각해보자. 사실 매우 간단하다. 많은 시간을 투자해 영어를 공부하고, 최대한 자주 영어를 사용하면 된다.

하지만 하루 중 상당 시간을 일에 빼앗기는 직장인들은 시간이 없다. 아니, 엄밀히 말해 그나마 남는 시간 중 영어 학습에 기꺼이 할애하고 싶은 시간이 별로 없다고 보는 편이 옳겠다.

'이거 완전 내 이야기네.'

이런 생각에 사로잡혀 죄책감을 느낄 필요가 전혀 없다. 힘든 일과를 마치고 집에 돌아왔을 때는 누구나 공부보다는 아무 생각 없이 쉬고 싶어 한다. 우린 로봇이 아니다. 직장 생활 하루하루도 벅찬데 지친 몸으로 이 악물고 고 3처럼 공부할 수는 없는 노릇 아닌가. 설령 고

3처럼 공부하기로 결심해서 일 끝나고 영어와 몇 시간씩 씨름한다고 해도, 이런 공부 방식은 사람을 금세 지치게 하기 때문에 오래갈 수가 없다.

그럼 C씨와 D씨처럼 노력은 더 해야겠는데 시간은 빠듯하게 느껴진다면 어떻게 해야 하는 걸까? 간단하다. 시간을 아주 약간만 들이면 된다. 어차피 낭비할 시간 중 아주 약간만, 부담이 전혀 안 느껴지는 정도의 시간만 투자하라는 것이다. 이 부분에 대해서는 책의 뒷부분에서 좀 더 자세히 다루겠지만, 간단히 말해 '모 아니면 도' 식으로 아주 열심히 안 할 바에는 아예 시작조차 안 할 게 아니라, '개', '걸', '윷', 무엇이든 좋으니 자신이 지킬 수 있는 현실적인 목표를 세워서 부담이 안 되게 곧바로, 오늘 밤부터 실천에 옮기라는 것이다.

일주일 중 본인이 온전히 자신에게만 쓸 수 있는 시간은 몇 시간인가? 그중 있어도 그만, 없어도 그만인 시간은 얼마인가? 각자 이 질문에 대한 답을 내려보자. 바로 그만큼의 시간이 당신이 일주일에 영어 공부를 해야 하는 시간이다.

아무 드라마나 영화로 공부하면 안 되는 이유

영어라면 알레르기 반응이 생길 정도로 싫다는 영포자들. 그런데 사실 이 영포자라는 말에는 어폐가 있다. 영포자들은 엄밀히 말하면 영어를 포기한 게 아니라, 포기하고 싶은 것이다. 영어가 싫긴 한데 그렇다고 정말 영어를 포기하자니 불편한 게 너무 많고 손해를 볼 일도 너무 많다. 그래서 영포자들의 마음 깊은 한구석에는 영어를 잘하고 싶은 욕구가 숨어 있다.

자고로 욕구란 사람을 움직이는 가장 일반적인 동인이다. 그런데 영포자들은 어째서 영어를 잘하고 싶어 하면서도 선뜻 영어 공부를 시작하지 못할까? 그 이유는 생각보다 간단하다. 바로 방법을 모르기 때문이다. 영포자들에게 자신의 영어 실력의 문제점이 무엇이냐고 물으면 기다렸다는 듯이 술술 대답을 하지만, 그럼 어떻게 하면 그 문제점들을 해결할 수 있겠느냐고 물으면 꿀 먹은 벙어리가 된다. 그동안 그 누구도 자신의 부족한 영어 실력을 개선할 제대로 된 방법을 속 시원히 알려주지 않았던 것이다.

이렇게 방법을 찾아 헤매는 영포자들의 귀를 솔깃하게 하는 영어 학습 방법이 있다. 그게 바로 드라마나 영화로 영어를 공부하는 방법 이다.

영어 공부는 지겹고 당장 나에게 도움을 주지도 못하지만, 드라마 나 영화는 최소한 보는 동안 스트레스 해소라도 할 수 있지 않은가. 이런 드라마 또는 영화를 보면서 내 평생 숙원이었던 영어 정복에 한 걸음 다가갈 수 있다니, 귀가 솔깃하지 않은 게 이상한 것일 테다.

'그래, 너로 정했다!'

이렇게 당차게 드라마나 영화를 통한 영어 공부를 결심하는 이들을 기다리고 있는 것은 또 다른 실패의 경험이다.

드라마 또는 영화를 활용하는 영어 학습 방법이 애초에 잘못되었 다는 말이 아니다. 재미를 앞세운 학습, 오히려 내가 굉장히 중요하게 여기는 부분이다. 영상물을 보며 재미도 느끼고 동시에 공부까지 할 수 있다면 더할 나위 없이 좋을 것이다.

문제는 초급 학습자들은 본인에게 맞는 드라마 학습물을 고르는 데 에 서툴고, 아직 드라마를 통해 큰 학습 효과를 누릴 수 있는 단계가 아니라는 점이다.

먼저 적절한 드라마나 영화 선택에 대해서 따져보자. 재미와 학습이라는 두 마리 토끼를 모두 잡는다는 미명하에 많은 영포자들이 범하는 실수가 바로 정말로 자기가 보고 싶은 드라마 혹은 영화로 영어 공부를 하려고 한다는 것이다. 이렇게 선택된 드라마와 영화는 줄거리가 난해하고 매우 복잡하거나, 실생활에 접목할 수 있는 영어가 거의 없는 SF, 스릴러, 범죄물 등인 경우가 많다. SF 대작 〈왕좌의 게임 Game of Thrones〉이나 〈헝거게임The Hunger Games〉, 베네딕트 컴버배치의 열연이 돋보였던 BBC의 〈셜록Sherlock〉 시리즈 등이 그 예이다.

일단 이런 드라마나 영화는 영포자들이 학습할 수 있는 난이도가 아니다. 영포자뿐만 아니라 영어를 꽤나 잘한다는 사람들도 자막 없이 SF 영화나 드라마, 의학 드라마, 추리 드라마 등을 보라고 하면 내용을 제대로 파악하지 못해 쩔쩔매는 경우가 대부분이다.

그럼에도 불구하고 너무나 많은 영어 기초 학습자들이 전혀 이해도 하지 못하고 실생활에서 쓰지도 못할 내용뿐인 드라마나 영화를 보면서 자신이 공부를 하고 있다는 착각을 한다.

'오늘도 영화, 드라마로 영어 공부 불태웠다……'

이렇게 생각한다면 틀렸다. 공부를 한 게 아니다. 이런 학습자들은 사실 학습을 가장한 취미 생활 중인 것이다. 이와 같은 학습은 실질적으로는 학습자의 영어 실력 향상에 아무런 도움도 주지 못한다.

또 한 가지 영포자들이 흔히 범하는 실수는 영상물을 시청하는 것 자체가 학습이라고 착각을 하는 것이다. 영어나 불어, 스페인어처럼 뿌리가 서로 같은 동족 언어일 경우 이와 같은 학습법이 유용할 수 있다. 하지만 한국어와 영어는 달라도 너무 다르다. 계속해서 들어도 계속 안 들린다. 못 알아들으니 당연히 내 입으로도 안 나온다. 알아듣지도 못하는 드라마나 영화를 계속 본다고 해서 한국인의 영어 실력이 저절로 느는 일은 단언컨대 절대로 없다.

영상 매체를 이용한 영어 공부를 할 때, 내가 하고 있는 것이 영어 '공부'임을 잊지 말아야 한다. 구체적이고 현실적인 학습 계획 목표를 세우고, 정해진 만큼 정해진 공부를 해야 한다. 영어로 된 영상물을 반복해서 보기만 하고 실질적인 학습 활동을 병행하지 않는다면 적절한 난이도의 실용적인 영상물을 고른다 할지라도 전혀 도움이 되지 않는다는 것을 기억하자. 세상에 공짜는 없다.

나에게 맞는 학습용 영상물을 고르는 방법, 해당 영상물을 구하는 방법, 영상물을 가지고 영어 공부를 하는 구체적인 방법에 대해서는 구체적 학습 전략을 다룬 5장에서 이어 설명하도록 하겠다.

해외에 나가보니
나 영어 공부
잘못한 것 같아

해외에 나가는 영포자들은 불안하다. 그놈의 영어가 또 발목을 붙잡을까봐 걱정이 되기 때문이다. 입국 심사에서부터 호텔 체크인, 체크아웃까지, 짧은 영어 때문에 불편이 이만저만이 아니다. 그나마 요즘은 여행사들이 대부분의 일을 대행해줘서 좀 나아지긴 했지만, 행여라도 예약이나 결제 과정 중에 문제가 발생하면 정말 답이 없다.

하루는 신혼여행을 떠난 친구 녀석 한 명이 한밤중에 국제전화를 걸어 왔다. 주로 새벽까지 작업을 하는 나는 그날 밤도 작업에 열중하고 있었다.

"태훈아, 늦은 밤 정말 미안한데 내가 상황이 너무 급해서."

"어, 괜찮아. 무슨 일이야?"

"여기 호텔 리셉션인데 네가 나 대신 얘기 좀 해줄 수 있나?"

친구 녀석은 호텔에서 카드 결제에 문제가 생겼다며 호텔 관계자와 대신 통화해달라고 부탁했다. 오죽 급했으면 오밤중에 나한테까지 전화했을까 싶어서 호텔 관계자와 통화를 해서 문제를 해결해주었다.

해외에서 이런 불편을 겪어본 영포자들이 하나같이 하는 말이 있다. 바로 '이상하게 해외에 나가니 영어가 더 안 들린다'는 말이다. 영포자들뿐만이 아니라 공인영어시험 성적이 꽤나 나온다는 사람들도 현지의 실전 영어 사용에서는 맥을 못 추는 경우를 많이 보았다. 왜 그럴까?

사실 해외에 나가면 더 안 들리는 현상은 지극히 자연스러운 것이다. 한국인 친구 두 명이 한국어로 서로 대화를 나누는 상황을 떠올려보자. 온갖 은어와 줄임말, 빠른 비격식 발음이 난무한다. 이제 한국어를 공부하는 외국인들이 치르는 토픽 한국어능력시험 듣기평가 문항을 생각해보자. 한국어 원어민들에게 딱 5분만 토픽 시험처럼 또박또박 느리게 대화를 나눠보라고 하면 답답해서 죽겠다는 사람이 속출할 것이다.

영어 원어민들에게는 토익이나 토플 시험이 딱 그런 느낌인 것이다. 평상시에 공인영어시험 듣기평가 성우들이 말하듯 말을 하는 영어 원어민은 없다. 실제로 원어민들이 영어를 말하는 속도는 훨씬 더 빠르고 비격식으로 발음하고 넘어가버리는 경우도 부지기수이다. 따라서 토익이나 토플 영어 듣기를 겨우 하는 수준인 영어 학습자가 해

외에 나가면 편의점에서 계산 한 번 할 때에도 듣기가 안 되어서 쩔쩔
맬 수밖에 없는 것이다.

한국에서 영어 원어민과 대화를 하면 그래도 잘 알아듣는 편인데
해외에선 그게 잘 안 된다는 말을 하는 사람들도 있다.

입장을 바꾸어 한국에 유학을 온 외국인 학생과 대화를 나누는 상
황을 가정해보자. 이 학생과 대화를 나눌 때 우리가 과연 한국인 원어
민과 말을 하듯 한국말을 사용할까? 그렇지 않다. 무의식적으로 말이
느려지고 아이에게 말하듯 더 또박또박 발음하게 된다. 상대방이 내
말을 다 이해하고 있는 것인지 눈치를 살피면서 말이다.

한국에 거주 중인 영어 원어민도 같은 입장이다. 이들이 한국 사람
들과 영어로 대화를 나눌 때는 상대적으로 영어 구사 능력에 대한 기
대치가 낮기 때문에 좀 더 느리게, 또렷한 발음으로 말을 하는 경향이
있다. 만일 영어 원어민이 한국인 학생을 가르치는 상황이라면 이러
한 경향은 더욱더 짙어진다.

대부분의 한국인 영어 학습자들은 듣기 연습을 할 때 이처럼 정제
되고 느린 영어만 학습한다. 시험 영어가 아니라 직접 원어민과 얼굴
을 마주하고 대화 연습을 하는 학습자들도 원어민이 나를 배려하며
말을 해주고 있다는 사실을 인지하지 못하는 경우가 대부분이다. 그
러다가 갑자기 영어권 국가로 가서 날것의 비격식 영어를 들으려고
하니 들릴 리가 없는 것이다.

초급 영어 학습자라면 격식 발음과 정제된 영어부터 익히는 것이
바람직하지만, 거기에서 학습이 끝나서는 실제로 배운 영어를 제대로

써먹을 수가 없게 된다는 점을 잊지 않도록 하자. 시험용 영어, 한국 안에서 구사하는 영어가 다가 아니다.

tip 태훈 쌤의 Q&A 시간!

Q. 그럼 시험용 영어 외에 어떤 영어를 공부해야 하나요?

중고급 학습자라면 영어 비원어민을 대상으로 한 영어 강좌들뿐만 아니라 영어 원어민들을 위한 강연이나 영상, 방송물 등을 찾아보시길 권해요. TED (www.ted.com) 강연도 좋고 유튜브 튜토리얼 비디오(메이크업, 포토샵, 댄스 등)도 좋습니다. 원어민들이 즐겨 듣는 라디오를 들어보시는 것도 좋은 학습이 될 거예요. 형식을 막론하고 원어민을 염두에 두고 만들어진 콘텐츠면 됩니다. (책의 맨 뒤 부록에 영어 학습에 활용할 수 있는 라디오 애플리케이션, 유튜브 채널 등을 소개해두었습니다.) 나에게 적합한 난이도의 학습 콘텐츠를 선별하여 기존에 하던 학습에 더해 추가로 공부하는 습관을 길러보세요. 한국을 떠나는 순간 귀가 막혀버리는 일을 막을 수 있습니다.

3장

나는 소위 말하는 '국내파'이다. 영어 공부를 위해 해외 한번 나가본 적 없다.
미국 땅을 처음 밟아본 것도 나이 서른이 되어서였다.
그런 나는 지금 대학에서 미국인을 포함한 외국인들에게 영어회화를 가르치고 있다.
대학 강의 중에는 항상 영어만 사용하는데 그래서인지 내가 먼저 말을 하지 않으면
학생들은 내가 당연히 미국 국적의 교포일 것이라고 가정한다.
한국에서 나고 자라 한국 학교를 다니고 한국 교육 시스템에 따라 공부했던 나는
어떻게 일반적인 국내파 학습자들과 다른 결과물을 만들어낼 수 있었을까?

"비결이 뭐예요?"

정말 셀 수 없이 많이 들었던 질문이다. 이제 그 비결에 대해 아주 상세히
소개하고자 한다.

국내파의
희망이
되기
까지

김태훈 선생님처럼
되고 싶어요

내가 운영 중인 유튜브 채널 Bridge TV의 구독자가 5만 명을 넘어섰을 때 즈음 첫 구독자 파티를 열었다. 애초에는 20명 정도만 초대하여 소규모 파티를 열고자 했지만 5만 구독자 중 20명 초대가 웬 말이냐는 구독자분들의 성화에 못 이겨 규모를 조금씩 키우다보니 결과적으로 총 50분 정도가 참여하는 대규모 파티가 되어버렸다.

대학교 때 학생회 임원이었던지라 행사 준비나 관리에 대해서 잘 아는 편이지만 소수의 스태프와 함께 50명이나 되는 구독자분들을 대상으로 차질 없이 파티를 준비하고 진행하는 것은 여간 어려운 일이 아니었다.

준비 과정은 정말 고생스러웠지만 서울, 경기도, 전라도, 경상도 등 전국 곳곳에서 20대에서 40대에 이르는 다양한 연령대의 구독자분들이, 대단할 것도 없는 나라는 사람 한 명을 보겠다며 모여주신 모습을 보니, 고생한 기억은 싹 사라지고 벅찬 감사함만 남았다.

먼 걸음을 하신 만큼 한 분 한 분 나와 나누고 싶은 대화도 많았을 것이다. 테이블을 옮겨 앉을 때마다 참아왔던 질문들이 쏟아졌다.

그중 한 분의 질문이 유독 기억에 남는다.

"선생님은 어릴 때 영어를 어떻게 배우셨어요? 제 아이도 선생님처럼 영어를 하게 됐으면 좋겠어요."

이 구독자분을 비롯해 내가 영어권 국가에서 살다 오지 않았다는 사실을 처음 접하는 사람들은 하나같이 크게 놀라워하며 어떻게 영어 공부를 했느냐, 외국에 나가지 않고 영어를 잘하는 비결이 무엇이냐, 영어를 선생님처럼 하려면 어떻게 해야 하느냐 등의 질문들을 쏟아붓는다.

내가 한국에서만 영어를 배워 지금의 수준까지 끌어올린 비결이 있다면 다름 아닌 '꾸준함'이다. 그 꾸준한 학습 과정을 지금부터 소개하겠다.

"An education can't be "hacked"; there are no shortcuts besides hacking it every day." -Ryan Holiday

배움에 비결이란 있을 수 없다. 굳이 비결이 있다면 매일 배우는 것, 그게 바로 비결이다.

-라이언 홀리데이

나도 평범한
사람이었다

내 영어 실력을 보고 나면 사람들이 흔히들 하는 생각이 있다.

'어렸을 때부터 잘했겠지.'
'어릴 때부터 나와는 다른 삶을 살았을 거야.'

하지만 그렇지 않다. 나에게도 영어를 형편없이 못했던 시절이 있었다.

지금도 선명하게 남아 있는 어린 시절의 기억이 있다. 초등학교 저학년이었던 나는 어느 날 친누나와 함께 부엌에서 식사를 하고 있었다. 어린 남매들이 늘 그러하듯 나와 누나는 사소한 이견을 시작으로 말다툼을 벌였다.

말다툼의 시작은 1993년에 열렸던 대전 Expo에 대한 이야기가 나오면서부터였다.

"야, 이 멍청아. E, X, P, O면 엑스포지, 어떻게 엑스표냐?"

"엑스표 맞거든? 이, 엑스, 피, 오, 빨리 읽으면 엑스표!"

이제 와서 생각하면 그날의 나는 정말 아찔할 정도로 무식했다. 파닉스의 기본도 안 되어 있었던 것이다. 그저 각각의 알파벳을 빨리 붙여 읽으면 단어의 발음이 만들어지는 줄 알았다. 달이 영어로 moon이니까 /엠/, /오/, /오/, /엔/을 빨리 붙여 /에맨/처럼 읽는 식이었던 것이다. 요즘 아이들은 유치원에서 파닉스를 떼고 초등학교에 들어가는데, 그에 비하면 그때 나는 영어를 전혀 알지 못하는 영알못 그 자체였다. 무식한 놈이 용감하다고 했던가. 끝까지 내가 맞다며 우겨대고 누나는 나를 무시하는 걸로 그날의 말다툼은 끝이 났다.

이 글을 읽고 있는 당신의 현재 실력은 어떠한가? 남들과 비교해서 내 영어는 너무나 형편없다고 느껴도 상관없다. 알파벳조차 제대로 익히지 못했어도 괜찮다. 대신 딱 한 가지 사실만 기억하자. 모든 외국어 학습자들은 형편없는 실력에서 출발한다. 나도 그랬다. 그러니 현재 자신의 영어 실력 때문에 주저하지 말자. 정말 중요한 것은 공부를 하기 전 영어 실력이 아니라 공부를 하고 난 뒤 영어 실력이 아니겠는가? 영어 공부를 지나치게 어렵게 대할 필요가 없다. 겁부터 먹을 게 아니라 일단 시작하자. Expo가 /엑스표/라고 빡빡 우기던 꼬마 아이도 해냈는데 당신이 못할 이유가 없다.

"Everybody has to start somewhere." — Haruki Murakami

누구에게나 처음이었던 순간이 있다. —무라카미 하루키

영어에 대한
호감이 생긴 이유

오늘날 한국의 영어교육은 정말 많이 발전했다. 아이들의 한국말이 채 완성되기도 전에 이미 영어에 노출되고, 놀면서 배울 수 있는 영어 학습 콘텐츠나 교육법도 많이 개발되었다. 스마트폰 하나만 있어도 하루 종일 영어로 된 교육 콘텐츠를 즐길 수 있는 시대이다.

하지만 내가 어릴 때만 해도 상황은 전혀 달랐다. 초등학교 6년 내내 영어가 교육과정에 포함되어 있지 않았고, 영어를 흔하게 접할 수 있는 환경 자체가 조성되지 않았던 시대이다. 따라서 평범한 가정의 평범한 아이들은 중학교 1학년이 되어서야 영어 알파벳을 처음 배웠다.

앞서 영포자의 이야기를 통해 영어에 대해 어떠한 감정을 갖고 있느냐가 영어 학습에 얼마나 지대한 영향을 줄 수 있는지를 살펴보았다. 나 같은 경우 본격적으로 영어를 배우기 이전부터 이미 영어에 대한 호감이 있었다.

내가 처음으로 영어에 호감을 갖게 된 것은 디즈니 만화영화를 통해서였다. 요즘이야 스트리밍 서비스들이 워낙 많이 개발되어 보고 싶은 TV 프로그램이나 영화가 있으면 TV나 태블릿 등을 켜고 인터넷 접속만 하면 바로 시청할 수 있지만 내 어린 시절에는 상황이 많이 달랐다. 최신 영화는 무조건 영화관에 가야만 볼 수 있었고 인기가 한참 식고 난 뒤에야 비디오 대여점에서 비디오로 빌려 볼 수 있는 시대였다. 상황이 이러하다보니 요즘 흔하다는 외국 만화영화도 그때는 쉽게 접하기가 어려웠다.

하지만 해외 출장이 많았던 아버지 덕에 나는 운이 좋게도 어린 시절부터 디즈니 만화영화를 다 챙겨 볼 수 있었다. 아버지는 해외 출장을 나갔다 오실 때면 늘 디즈니 만화영화 비디오를 사 오곤 했다. 〈인어공주〉, 〈미녀와 야수〉, 〈알라딘〉과 같은, 이름만 대면 알 만한 클래식은 물론이고 한국 사람들은 잘 모르는 단편영화 모음까지, 디즈니에서 내놓은 만화영화라면 안 본 게 없을 정도이다. 이 중에는 영어 자막이 있는 비디오들도 있었고 자막이 아예 없는 것들도 있었다. 자막이 없는 비디오들은 보고도 무슨 말인지 전혀 이해하지 못했지만 비디오가 늘어질 때까지 반복해서 보고 또 봤다. 그러다보니 결국엔 뜻도 이해하지 못하는 주요 대사들을 거의 다 외워버릴 정도가 됐다.

돌이켜 보면 영어가 희귀했던 그 시대에 만화영화를 보면서 공부인 줄도 모르고 공부를 한 것이다. 영어라는 언어에 자연스럽게 노출되면서 영어 발음이나 표현 등을 익힐 수 있었다. 애초에 만화영화를 보는 것을 공부라고 느끼지 않았기 때문에 단 한 번도 힘들다거나 지루하다고 생각한 적이 없었다. 오히려 즐거웠다. 부모님이 자막 없이 영화를 보라고 강요를 했던 것도 아니었다. 내가 원해서 자발적으로 찾아서 계속 봤다. 디즈니 만화영화 시청은 나에게 공부라기보단 즐거운 취미 생활이었다. 이렇게 놀면서 영어를 접하다보니 자연스럽게 영어라는 언어에 대한 호감이 일찌감치 형성이 되었고 이 덕분에 영어를 본격적으로 배우기 시작했을 때 남들보다 더 빠르게 실력이 늘수 있었던 것이다.

어릴수록 놀게 하고
많이 칭찬하자

너무나 감사하게도 나의 어머니는 늘 교육열에 불타오르는 분이었다. 형편이 어려워지기 전에는 말할 것도 없고, 그 뒤에도 자식들을 가르치는 일에서만큼은 빚을 내서라도 제대로 된 교육을 제공하려고 했다. 이런 어머니의 교육열 덕분에 남들보다 조금 더 빠른 초등학교 3학년 때 영어 과외 선생님을 만나게 되었다.

첫 영어 선생님은 미술 전공자였고 가르치는 방법도 독특했다. 선생님은 수업 중 학생들에게 카드 게임을 하게 했는데, 하드보드지에 유성 매직으로 직접 그림을 그려 만든 그림 카드를 사용했다. 책상 위에 카드 몇 개를 그림이 위를 향하도록 뒤집어서 펼쳐놓고 가운데에 쌓아놓은 카드들을 하나씩 뒤집었을 때 같은 그림의 카드가 나오면 쌍을 이루는 카드 두 장을 모두 가져가는 게임이었다. 한국인들이 즐겨 하는 화투와 비슷하다고 보면 된다. 단, 선생님은 게임을 하는 도

중에, 그리고 카드를 뒤집을 때 반드시 영어를 쓰게 했다. 아직도 그때 썼던 영어 표현들이 기억에 선명하다.

"Pick up the card, turn it over, show me the card."
카드를 집어서 뒤집으세요. 뒤집은 카드를 보여주세요.

카드를 집어 들 때마다 게임에 참여한 모든 학생들이 노래처럼 음을 붙여서 이 문장들을 말해야 했는데, 당시에는 뜻도 모르면서 선생님이 시키니까 열심히 따라 했다. 승부욕이 강했던 나는 카드를 많이 딴 날은 집에 그 카드를 가져갈 것도 아니면서 부자라도 된 듯 뿌듯해했고 카드를 많이 못 딴 날은 풀이 죽어 있었다. 별것 아닌 것 같아 보이는 이런 놀이 형식의 학습은 그 효과가 대단했다. 안 그래도 영어에 호감을 갖고 있던 터에 놀면서 영어를 배우게 하니 영어를 배우는 재미에 푹 빠져버렸다. 영어 공부가 재미있다보니 선생님이 단어를 외워 오도록 숙제를 내주면 늘 완벽히 암기해 단어 시험을 볼 때마다 거의 100점을 맞았다.

영어에 대한 호감 그리고 재미에 기반을 둔 놀이식 학습법이 내 영어 공부의 씨앗이 되었다면, 그걸 키워준 단비 같은 역할을 한 것은 바로 칭찬이다.

내가 영어를 좋아하고 한결같이 열심히 공부하는 모습이 선생님 입장에서는 기특했던 모양이다. 어느 날 선생님이 나의 어머니에게 "아드님이 정말 열심히 해요"라고 칭찬한 것을 어머니가 전해주었다. 칭찬은 고래도 춤을 추게 한다고 했던가. 칭찬을 받으니 신이 나서 더욱 더 열심히 했다. 더 열심히 하다보니 칭찬을 받을 일이 더 많아지고, 칭찬을 또 듣고 싶어서 더 열심히 하게 되고, 이렇게 선순환의 고리가 만들어지기 시작했다.

또래와 조금은
달랐던 노력

선생이라는 자리는 참으로 무거운 책임이 따르는 자리이다. 선생의 행동 하나, 말 한마디가 학생의 인생을 성공으로 이끌기도 하고 포기와 실패로 이끌기도 한다.

운이 좋았던 것일까, 운명이었던 걸까. 나는 살면서 좋은 영어 선생님들을 많이 만났다. 그중에서도 내 인생에 가장 큰 영향을 준 영어 선생님을 만난 건 바로 중학교 2학년 때였다. 당시 동네에서 유명한 영어 과외 선생님이었는데, 근처 학교에서 공부 좀 한다는 학생들은 줄을 서서 그 선생님 수업을 들으려고 했을 정도로 인기가 많았다. 자녀 교육열에 불타오르던 나의 어머니가 이런 소식을 접하고 가만히 계실 리가 없었다. 어머니의 사업 실패 이후 도시락에 매번 밥과 김치만 싸주실 정도로 집안 사정이 힘들어졌지만 아들이 잘하는 영어를 더 배울 수 있도록 있는 돈 없는 돈 끌어다가 나를 선생님 수업에 등록

시켰다.

집안 형편 탓에 일찍 철이 든 나는 어머니가 돈이 남아돌아서 과외 선생님을 붙여준 게 아니라는 걸 알고 있었기 때문에 더 열심히 해야만 했다. 당시 또래들은 어떻게든 과외를 빼먹으려고 잔꾀를 부리곤 했지만 나에게는 그런 잔꾀도 사치였다. 그저 주어진 기회를 감사히, 적극적으로 활용해야 한다는 생각이 강했다.

선생님은 스파르타식 교육법으로 유명했는데 그 방법이 정말 혹독했다. 일단 학습량이 어마어마했다. 이전까지 해오던 재미 위주의 영어 공부는 없었다. 잔인할 정도로 많은 학습량을 소화하지 못하면 수업 중 대단히 야단을 맞았다.

학습량이 어느 정도였느냐 하면, 당시 공부하던 단어책이 있었는데 이 단어책을 통째로 시험을 보게 했다. 첫 번째 시험에서는 첫 번째에서 100번째 단어까지, 두 번째 시험에서는 첫 번째에서 200번까지, 세 번째 시험에서는 첫 번째에서 300번째까지, 이런 식으로 시험 범위를 계속 늘려나갔다. 나중에는 책의 첫 번째 단어에서 마지막 단어까지 앉은 자리에서 모두 시험을 보게 했다. 단어 시험을 보는 데만 몇 시간씩 걸렸고 정해진 개수보다 더 많이 틀리면 처음부터 다시 시험을 봐야 했다. 시험을 통과하지 못하면 해가 지고 밤이 깊어져도 계속 남아서 다시 시험을 보게 했다. 이렇게 지독하게 단어를 공부해대니 단어책이 다 너덜너덜해지고 찢어져서 같은 책을 서너 권씩 사둬야만 했다.

다른 친구들이 집에서 인터넷으로 아이돌 팬클럽 활동을 하고 PC방에 가서 스타크래프트를 하고 있을 때 선생님 댁에 남아서 해가 질 때까지 2천 개 가까이 되는 단어를 외우고 시험을 보고 있노라면 답답하고 때려치우고 싶은 마음이 몇 번이고 들었지만, 힘들게 수업료를 겨우겨우 내고 계신 어머니를 생각해서라도 더 열심히 해야 했다.

선생님은 우리가 독해 문제집을 구매하면 즉시 답안지를 빼앗아 갔다. 그러고는 영어를 모두 한국어로 해석해 오도록 시켰다. 해석한 결과가 선생님 마음에 들지 않으면 처음부터 다시 써 가야 했다. 선생님이 오케이할 때까지 같은 작업을 반복했다. 사전을 뒤적거리며 옮기고 또 옮겼다. 답안지가 없으니 한 문장을 보더라도 더 많은 생각을 하게 됐고 맥락을 따져가며 문장을 이해하려는 습관이 생겼다. 이러한 학습 과정은 나의 지문 해석 능력을 키우는 데 큰 도움이 되었다.

듣기의 경우 빈칸을 남겨놓은 스크립트를 주고 들릴 때까지 받아쓰기를 하도록 했다. 당시 중·고등학생이 푸는 듣기평가는 문제가 매우 쉬웠기 때문에 사실 듣기에는 별다른 노력을 기울인 게 없었다. 듣기 받아쓰기를 하는 날 빠지지 않고 가서 듣기 연습을 하고 스크립트를 분석해보는 정도로 감만 유지했다.

워낙 공부를 잘하는 학생들이 선생님 수업에 몰리다보니 학습 진도도 매우 빨랐다. 중학교 때 고등학생들이 푸는 수능 모의고사를 풀기 시작한 것은 물론이고 토익 공부도 시작했다. 당시 대학생들 사이에서는 토익 공부가 대유행이었지만 중학생들에게 토익은 너무나도 낯선 시험이었다. 중학생들을 위한 읽기나 듣기평가 시험은 눈 감고도 다 맞혔지만 토익 RC와 LC는 어린 나에게 너무나 어려웠다. 당시 내

토익 모의고사 점수를 보고 선생님이 했던 말이 아직도 생생히 기억 난다.

"태훈아, 너는 토익으로 대학 가는 건 포기하는 게 좋겠다."

이 말을 들었을 때 내가 중학교 3학년이었다. 웬만한 아이들이었으면 이 말을 듣고 집에 가서 과외 가기 싫다고, 제발 그만 보내달라고 난리를 쳤을 거다. 하지만 나는 이렇게 선생님에게 혼이 날 때면 이를 득득 갈며 '내가 칭찬을 받고 말리라' 하고 공부를 더 해서 갔다. 한번은 선생님에게 심하게 혼이 난 후 자존심이 너무 상하고 속상해서 울면서 집에 간 적도 있었다. 영어는 내가 가장 잘하는 것이었고 나의 정체성이었다. 영어 때문에 혼이 나는 날엔 나의 정체성이 인정받지 못한 것 같은 기분이 들었다. 하지만 이렇게 심하게 혼이 날 때마다 선생님이 밉다는 생각보다는 더 열심히 해서 반드시 인정받겠다는 생각을 했고 더욱더 학습열을 불태웠다.

중학교 때 이렇게 치열하게 공부를 하고 고등학교를 가니 고등학교 때는 사실 따로 수능 영어를 공부할 필요가 없었다. 그래서 고 2, 고 3 때는 따로 선생님 수업을 듣진 않았다. 선생님이 과외용으로 쓰는 집을 개방해주어서 야간자율학습을 끝내고 난 뒤 거기서 가볍게 모의고사를 풀고 혼자 공부했다.

물 만난
물고기

영어 강사가 되어야겠다고 마음먹었을 때 내 나이 열다섯이었다. 대부분 아이들의 관심사가 H.O.T., 스타크래프트, 포켓몬스터였던 시절이다. 그 철없던 시절에 꿈을 갖게 되었으니 참 운이 좋았다.

일단 이렇게 꿈을 정한 뒤부터는 영어를 잘하는 것에 내 모든 에너지를 집중하고자 했다. 영어 외에 다른 과목들은 대학을 가기 위해 억지로 공부를 했다고 해도 과언이 아니다. 고등학교에 다니던 3년 내내 내 머릿속을 가득 채웠던 생각은 '얼른 대학 가서 영어만 미친 듯이 공부하고 싶다'였다. 수능 날까지만 참으면 수학, 과학 등은 더 공부하지 않아도 된다는 생각으로 버텼다. 당연히 지원한 학과들도 모두 영어학과, 영어영문학과였다.

드디어 수능이 끝났고 대학에 가서 영어학을 전공하게 되었다. 하루 종일 영어만 공부하니 너무나 행복했다.

"야, 이따 우리 사구 치러 갈 건데, 올 거지?"

"어... 난 됐어."

대학교 1학년 때 남학우들이 우르르 몰려 당구장, PC방을 찾아다
닐 때 나는 혼자 도서관으로 향했다. 일단 당구나 컴퓨터 게임에 그다
지 재능도 흥미도 없었거니와 우르르 몰려다니는 걸 질색하는 성격이
다.

도서관에 가서는 언어학부터 영문법에 이르기까지 원서로 된 책들
을 쉴 새 없이 읽으면서 학문을 닦는 데에 심취했다. 그렇게 대학 생
활 첫 학기를 보내고 나니 성적은 당연히 좋을 수밖에 없었다. 그 후
로도 매 학기 우수한 성적을 받았고 장학금은 단 한 번도 놓친 적이 없
었다. 영어학과에 진학한 나는 그야말로 물 만난 물고기였다.

심지어 동아리 활동도 영어연극 동아리 활동을 했다. 처음엔 조연
배우로, 나중엔 작가로, 연출과 주연배우로 활동을 했다. 셰익스피어
와 같은 고전부터 현대극, 창작극 등에 이르기까지, 다양한 영어연극
을 준비해 공연을 올리면서 문학으로서 영어를 접하고 음미하게 되었
다.

창작극 대본을 처음부터 끝까지 영어로 써내는 작업은 어리고 부족
한 나에게 쉽지 않은 일이었지만, 원어민 교수님의 지도와 도움을 받
아가며 잘 마무리할 수 있었다. 고생 끝에 준비한 창작극 공연이 끝나
고 조명이 꺼졌을 때 밀려오는 그 뿌듯함은 겪어본 사람만 알 거다.

어학연수,
꼭 가야 하나?

　내 주변의 영어 학습자들이 늘 묻는 것 중에 하나가 바로 "영어를 잘하려면 어학연수나 유학을 꼭 가야 하나요?"이다.

　나는 사람들이 무엇을 기대하고 내게 이런 질문을 하는지, 그 심리를 아주 잘 이해하고 있다. 외국에 나가지 않고도 영어를 준원어민 수준으로 익힌 내 입으로 "아뇨, 한국에서도 하실 수 있습니다"라는 말을 듣고 싶은 것이다. 그리고 그 방법에 대해 내가 차근차근 설명을 해주길 내심 바라고 있을 것이다.

　이런 욕구를 갖고 계신 분들에게는 죄송한 이야기이지만, 영어를 잘하려면 어학연수나 유학은 여건이 될 시 무조건 다녀오는 것이 좋다. 어학연수나 유학을 가서 직접 부딪히면서 배울 수 있는 것들이 있고, 책상 앞에 앉아서 배울 수 있는 것들이 있기 때문에 어느 한쪽만 열심히 하는 것보다는 할 수 있다면 둘 다 하는 것이 당연히 더 바람직하다. 과연 투자할 만한 가치가 있을지 의심할 이유가 없다. 외국어를 배우려고 할 때 그 언어를 쓰는 나라에 가는 것만큼 가성비가 높은 투자가 또 어디 있겠는가.

혹자는 어학연수, 유학이 그렇게 좋은 거라면 나는 왜 안 갔느냐고 물을지도 모르겠다. 나도 유학을 가기 싫어서 안 간 것은 아니다. 중 2 때 친했던 친구 하나가 캐나다나 뉴질랜드로 유학을 보내달라고 부모님을 졸라보자며 바람을 넣었다. 영어를 좋아했던 나는 친구의 말에 마음이 동하여 아버지에게 유학을 보내달라고 떼를 쓰기 시작했다.

"아버지, 저 캐나다로 유학 가고 싶어요."

당시 우리 집 경제 사정을 뻔히 알았으면서도, 철이 없던 나는 이렇게 떼를 쓰다보면 아버지가 무리를 해서라도 보내주지 않을까 하는 이기적인 생각을 했다. 그러자 아버지가 내게 물었다.

"네가 유학 가서 어떤 공부를 하고 싶은 건데?"

"……"

아버지는 무엇을 공부하겠다는 계획도 없이 헛바람만 들어 유학을 보내달라고 조르는 아들의 허를 찔렀다. 나는 꿀 먹은 벙어리처럼 고개를 떨구고 그저 앉아만 있었다.

"아빠 이거 못 들은 걸로 할게."

이렇게 유학에 대한 부푼 꿈은 끝이 났다.

아버지의 입장에서는 내가 대답을 못한 것이 오히려 다행이었을지도 모른다. 내가 만일 똑 부러지게 학업 계획을 말했다면 오히려 아버지의 마음만 더 힘들게 했을 것이다. 이 세상 그 어느 부모가 자식이 원하는 공부를 못하게 막고 싶어 할까. 하지만 나도 아버지도 당시 집안 형편이 유학 보내줄 수 있는 상황이 아님을 너무나도 잘 알고 있었다. 만일 그 당시 우리 집이 경제적으로 매우 여유가 있었다면 아마도 나는 그길로 유학을 떠나서 지금쯤 굉장히 다른 삶을 살고 있었을 것이다.

그렇지만 단 한 번도 집안 사정 때문에 유학을 못 간 것이 극복할 수 없는 나의 약점이라고 생각해본 적 없다. 나는 유학을 갈 수 없었지만 주어진 환경에서 열심히 하면 될 일이었다. 남에게 주어진 더 나은 학습 환경이 내가 노력하지 않아도 되는 핑계가 될 수는 없는 일이다.

여건이 되고 의지가 확고하다면 유학 또는 어학연수를 가는 것이 가장 좋지만 그렇지 못한 경우라면 국내에서 원어민들과 지속적으로 소통할 수 있는 방법에 무엇이 있는지 생각해보자. 그리고 그 환경이 현실이 될 수 있도록 노력을 기울여보자.

한국에도 외국인과 영어 학습을 할 수 있는 인프라나 공통의 관심사를 가진 외국인을 만나 취미 생활을 할 수 있는 커뮤니티가 잘 갖춰져 있다. 화상 영어, 전화 영어 등 마음만 먹으면 당장 시작할 수 있는 영어 공부 앱들이 수두룩하고, 자전거 타기, 악기 배우기 등 취미생활을 중심으로 외국인과 어울릴 수 있는 모임들도 찾아보면 많다. (이와 관련한 자세한 정보는 5장을 참고하길 바란다.)

영어 공부에 완벽한 환경이 조성되기를 마냥 기다리지 말자. 그런 환경은 기다리는 자에게 찾아오지 않는다. 당신이 직접 그런 환경을 조성하고 거기에서 주어지는 기회를 활용해야 하는 것이다.

인생의 전환점,
카투사

　대학에 들어가서 영어만 공부하니 나의 영어 실력은 일취월장했다. 하지만 유학을 다녀오지 못했다는 사실은 대학 진학 이후에도 오랫동안 나에게 큰 아쉬움으로 남아 있었다. 실제로 해외파 동기들과 영어로 경쟁을 하는 데 버거움도 많이 느꼈다. 한 해외파 동기 녀석은 미국 힙합 음악을 듣고 처음 듣는 랩을 다 알아들었다.

　"야, 넌 이게 다 들린다고?"

　"뭐... 그렇지. 야, 내가 미국에서 산 게 몇 년인데."

　부단한 노력에도 좀처럼 좁히기 어려운 격차에 허탈감이 밀려왔다. '나는 언제 저 정도가 될까?' 하는 씁쓸한 생각이 들었다.

국내파 영어 전공자라는 한계점을 극복하기 위해서는 그 흔하다는 어학연수라도 다녀왔어야 했지만, 어학연수 비용은커녕 등록금도 감당하기 버거운 형편이었다.

그랬기 때문에 카투사 입대는 나에게 실낱같은 희망이었다. 카투사에만 합격하면 새로운 기회의 문이 열릴 것 같았다. ROTC 출신인 아버지는 나 역시 ROTC에 입대할 것을 권유했지만, 두드려보지도 않고 카투사를 포기할 수는 없었다. 토익 시험 성적을 받아 결과적으로 카투사에 지원했다. 그리고 기다리고 기다리던 대망의 선발 여부 발표일이 밝았다.

"야, 카투사 발표 떴대!"

"진짜?"

발표가 났다는 말을 듣자마자 PC방으로 달려갔다. 말 그대로 내 운명이 남의 손에 달려 있는 순간이었다. 떨리는 손으로 선발 여부 조회 버튼을 눌렀다.

"으아아아! 됐다아!!!!!!"

기쁜 마음에 그길로 PC방을 뛰쳐나가 소리를 지르며 방방 뛰어 다녔다.

"됐다!!!!!!"

카투사 군 복무는 해외 유학 경험이 전무했던 나의 영어 실력을 한 단계 더 끌어올릴 수 있는 절호의 기회였다. 가정 형편 때문에 유학은 커녕 어학연수도 꿈도 못 꿨던 나에게 허락된 이 기회를 절대로 허비하지 않으리라 각오를 다졌다. 그렇게 입대일이 다가왔고 기초 훈련을 받은 뒤 자대에 배치를 받았다.

카투사들도 보직이나 부대 상황에 따라 근무 환경이 천차만별이다. 운이 좋게도 나는 다른 카투사병들이 많이 몰려 있는 본부와는 동떨어진 사무실에서 따로 근무를 하게 되었다. 그곳에는 미군 몇 명과 나 이외에 선임 카투사병 한 명만 근무했다. 선임은 병장이어서 내가 온 지 얼마 안 되어 제대를 해버렸고 졸지에 나는 혼자서 미군들에 둘러싸여 일을 해야 하는 상황에 처했다.

외국어 학습법 중 **language immersion**이라는 학습법이 있다. **immersion**은 '담그기' 또는 '몰입'이라는 뜻으로, 즉 물에 물건을 푹 담그듯이 몰입할 수 있는 언어 학습 환경을 만들어준다는 뜻이다. 카투사가 나에게는 그런 환경이었다. 사무실 내 유일한 카투사병으로서 내가 온전히 책임을 져야 하는 일들이 많았기 때문에 영어를 못하면 안 되는 상황이었다. 같이 일하는 군인들, 심지어 업무상 자주 봐야 했던 민간인 군무원들조차 모두 미국인이었다.

보통 이런 상황에 처하면 부담을 느끼겠지만 나는 오히려 이때다 싶었다. 영어를 배우기 위해 더 적극적으로 부딪쳤고 그러는 과정에서 실수도 많이 하고 미군 상사에게 혼도 많이 났다.

한참 자대에서 일을 배우던 차에 하루는 내가 영어를 제대로 알아듣지 못해 서류 작업 중 실수를 했다. 부대에 깐깐하기로 악명 높은 미군 하사가 있었는데 서류가 잘못된 걸 알고는 내게 욕을 섞어가며 소리를 질러댔다.

"Dumb as hell! Drop!" (대가리는 폼이냐? 엎드려!)

그런데 이걸 또 못 알아들은 거다. 'Drop(떨구다)'이라니... 뭘 떨구라는 거지?' 사람이 화를 내고 있는데 그 말을 못 알아듣겠으니 이러지도 못하고 저러지도 못해 미칠 것만 같았다. 기어들어가는 목소리로 겨우 물었다.

"Excuse me, sergeant?" (하사님, 잘 못 들었습니다?)

"I said, DROOOOOOOOP!!!!!!!!" (엎드리라고 인마!!!!!!!!!!!!)

나를 잡아먹을 듯 소리를 지르며 화를 내는 하사의 모습에 그때서야 눈치를 채고 번개같이 엎드려뻗쳐 자세를 취했다.

서러움이 밀려왔다. 신병이라 어리바리하다는 말 안 들으려고 사소한 것까지 메모하고 나름 꼼꼼하게 하려고 했는데 영어가 안 따라줘서 일을 그르치고, 또 그것 때문에 혼이 나는 상황에서조차 영어를 알아듣지 못하다니. 한심했다.

'다시는 이런 굴욕적인 일을 당하지 않으리라.' 그날부터 더 악착같이 몸으로 부딪치며 영어를 배웠다. 근무시간이 끝나면 미군들과 어울리며 생활영어를 체득하기 위해 애썼고, 그렇지 않은 날은 막사에서 영어책을 펴놓고 혼자서 할 수 있는 공부를 했다.

흔히들 사람들이 카투사에 대해 하는 오해가 있는데, 바로 카투사들은 모두 영어를 굉장히 잘할 것이라고 믿는 것이다. 물론 '영어를 잘한다'의 기준은 보는 시각에 따라 다르겠지만, 적어도 카투사 생활을 직접 해본 내가 말할 수 있는 것은 최상위 영어 실력을 갖춘 카투사들을 제외하면 나머지 카투사들의 영어는 턱없이 부족하다는 사실이다.

이렇게 영어가 서툴다보니 자기보다 계급이 낮은 미군들에게서 은근한 무시를 받는 일도 흔히 일어난다. 한국군은 미군에 비해 진급이 빨라 같은 계급끼리 놓고 보면 카투사가 미군에 비해 군 관련 경험이나 지식 면에서 현저하게 뒤처진다. 군 생활 경험도 군 관련 지식도 부족한데 언어 능력까지 한계가 있으니 계급이 낮은 미군 병사들이 깔보기 딱 좋은 것이다.

이런 상황에 직면하면 대부분의 카투사병들은 더럽고 치사해도 전역일까지만 참자는 생각으로 버틴다. 하지만 나는 성격상 이런 상황을 절대로 못 참기 때문에 미군 부하들이 우습게 보지 못하도록 매사에 더욱더 최선을 다했다. 미군 병장과 비교해도 체력이나 업무수행 능력, 군사 지식, 영어 등 그 어떠한 것도 뒤처지지 않도록 하기 위해서 남다른 애를 썼다. 체력장을 하면 내 앞에 아무도 없을 때까지 폐가 터져라 달렸고, 근육이 찢어질 정도로 팔굽혀펴기, 윗몸일으키기를 했다. 후임병을 먼저 퇴근시키고 혼자 남아서 야근을 하는 한이 있더라도 맡은 바 임무는 반드시 정해진 일자에 맞춰 마무리 지었다. 부족한 군사 지식을 채우기 위해 미군 군사 매뉴얼을 구해 따로 공부하기도 했고, 군사 지식 암기대회에 나가서 전국 카투사 3등 안에 들어 주한미군사령관에게서 메달을 수여받기도 했다.

이렇게 치열하게 군 생활을 했더니 내가 상병, 병장이 되었을 때는 미군 부하들뿐만 아니라 미군 병장, 부사관, 장교들까지 나를 인정해 주었다. 이렇게 거의 영어만 쓰는 환경에서 미국인들에게 뒤지지 않는 퍼포먼스를 내기 위해 안간힘을 썼던 덕분에 군 복무 2년간 나의 영어는 또 한 번 크게 성장할 수 있었다.

나에게 군 생활은 2년간의 지독한 어학연수였다. 인내심 강한 원어민 선생님도, 밀착 관리를 해주는 유학 전문 코디네이터도 없었고, 푸근한 홈스테이 엄마도 없었다. 속된 말로 까라면 까야 하는 군대에서 서럽고 치열하게, 생존을 위해 전투적으로 영어를 익혔다. 카투사로서 보낸 2년이 없었다고 해도 어떤 식으로든 영어를 익혔겠지만, 그 2년이 아니었다면 지금의 영어 실력을 갖추기까지 훨씬 더 오랜 시간이 걸렸을 것이다.

'에이, 결국 카투사 다녀와서 영어 잘하는 거네.'

이렇게 볼멘소리를 할 사람들도 있을 수 있다. 물론 카투사 군 복무가 중요한 전환점이 된 것은 맞지만 그걸 전환점으로 만든 것은 카투사 제도가 아니라 나의 적극성과 노력이었다. 카투사가 되기 전까지 끊임없이 노력했고 군 복무 중에도 남들보다 몇 배로 열심히 노력했기 때문에 오늘날 영어 실력의 밑거름을 마련할 수 있었던 것이다.

똑같이 카투사로 2년간 복무해도 누구는 영어가 놀라울 정도로 발전하고 누구는 미군들한테 무시만 당하다가 제대하면 그나마 할 줄 알던 영어마저 다 잊어버린다. 환경, 물론 중요하지만 영어 실력의 가시적 변화를 만드는 진짜 열쇠는 적극성 그리고 남다른 노력인 것이다.

독하다,
편입영어

영어를 어느 정도 잘하는 것을 넘어 정말 기가 막히게 잘하려면 어떻게 해야 할까? 영어를 전문가 수준으로 잘하게 되려면 고통과 인내의 시간을 견디어가며 영어 공부를 해야 한다. 영어 외길 인생을 살아오면서 영어 때문에 처음으로 정말 괴로웠던 때가 바로 편입영어를 공부할 때였다.

제대를 하자마자 편입학원에 등록했다. 한국외대로 편입하기 위해서였다. 오래전부터 한국외대 영어학과에 일종의 로망이 있었고, 더 경쟁적인 분위기 속에서 공부하고 싶었던 욕심도 컸다. 편입시험은 100% 영어시험으로 진행이 되기 때문에 어찌 되든 손해 볼 것은 없겠다는 생각이 들어 본격적인 준비에 들어갔다.

카투사 복무 중에 워낙 영어를 많이 썼기 때문에 영어에 꽤나 자신이 있었다. 영어에 물이 한껏 올라 있다고 생각하며 매우 자신 있게 편입학원에 등록하고 공부를 시작했다. '기껏해야 영어시험인데, 지가 어려우면 얼마나 어렵겠어?'라는 생각이었다.

그러나 시작하자마자 멘붕에 빠졌다. 당연히 내가 영어를 가장 잘할 것이라 생각했지만 세상은 넓고, 똑똑하고 독한 사람들은 많았다. 반 편성 시험 결과에 따라 최상위권 반에 편성이 되기는 했지만, 같이 공부하는 사람들 모두 영어 실력이 상당했고 편입영어는 생각보다 훨씬 더 어려웠다. 군 복무 중에는 주로 회화체나 비즈니스용 영어를 썼지만 편입영어는 초고난이도 어휘, 문법, 독해, 논리력 평가 문제로 구성되어 있어 성격이 매우 달랐다. 특히 단어는 지금 생각해도 정말 심각하게 어려웠다. 살면서 한 번 들을까 말까 한 GRE 난이도의 단어들을 통으로 암기하기 위해서 단어책을 보고 또 보아야 했고, 출제자가 작정하고 오답을 하도록 만든 것 같은 문법, 독해, 논리력 평가 문제들을 순식간에 풀어내야 했다. 영어는 늘 내게 쉽고 재미있는 과목이었는데, 편입영어는 쉽지도 재미있지도 않았다.

치열한 경쟁 탓에 스트레스도 컸다. 내가 다니던 학원은 대놓고 학생들 간 경쟁을 조장했다. 모의고사를 보고 나면 학생의 실명과 점수, 등수를 그대로 적은 성적표를 계단 옆 벽면에 붙여 게시하곤 했는데, 상위권 학생들은 계단에서 가장 높은 곳에서 자신의 성적과 등수를 확인하고 하위권 학생들은 계단에서 가장 낮은 곳에서 확인해야 했다. 성적이 떨어지면 계단을 내려가서 자기 이름을 찾아야 했는데, 이 계단 한 칸을 내려가는 일이 그렇게 굴욕적일 수가 없다.

최상위권 반에 들어온 학생들은 대부분 유학파 학생들 또는 나 같은 국내파 영어 고수들이었다. 애초에 영어를 잘하는 사람들이 모여서 밥 먹고 하루 종일 영어 공부만 하는 치열한 환경이었다. 시간이 지날수록 '이 시험을 만만하게 보고 대충했다가는 이도 저도 아니겠다'는 생각이 들었다. 그래서 공부에 더 집중하기 위해 친한 친구들과 연락도 끊고 잠수를 탔다. 수업 듣는 시간 외에는 남들과 말도 섞지 않기 위해 늘 헤드폰을 끼고 다녔고 하루 세끼 식사 때마다 한 손에는 늘 단어장이 쥐어져 있었다. 버스에 서서 갈 때도 수백 페이지에 달하는 두꺼운 단어책을 펼쳐 들고 끊임없이 단어를 암기했다.

나도 사람인지라 점점 심신이 지쳐갔다. 편입 공부를 시작하고 몇 개월이 지났을까, 어느 날 이른 새벽에 눈을 뜨면서 느꼈던 감정이 아직도 기억이 난다. 전날 밤도 버스를 타고 오는 내내 한 손으로 무거운 책을 들고 공부했고, 집에 돌아와서도 새벽까지 추가로 공부하고 늦게 잠을 청했었다. 눈을 뜨니 몸은 천근만근, 처음으로 영어 공부 때문에 너무 괴롭다는 생각을 했다.

'너무 괴롭다. 그만하고 싶다. 왜 이렇게까지 고생을 해야 하나.'

이런 생각에 갑자기 울화가 치밀어 올랐다. '무슨 부귀영화를 누리겠다고 잘 다니던 학교를 때려치우고 편입 준비를 시작하겠다고 한 걸까' 싶어 침대에 엎드려 웅크린 채 한참 동안 화를 식혔다. 그러다가 정신이 번쩍 들었다.

'이런 생각 하면 안 돼!'

한번 마음이 흐트러지면 슬럼프가 찾아와 악순환이 시작될까봐 마음을 다잡고 더욱더 강하게 마음먹었다. 다시 이를 악물고 책을 챙겨서 학원으로 향했다. 아무 일도 없었던 것처럼, 평소와 같은 모습으로 학원으로 가는 버스에 올랐다. 손에는 단어책, 귀에는 헤드폰이 끼워져 있었다.

몸도 마음도 힘든 공부였지만 이것도 하다보니 적응이 되었다. 1분 1초를 아껴가며 최선을 다해 열심히 공부했고, 덕분에 늘 최상위 반을 벗어나지 않았다. 상반기가 지나갈 때쯤에는 학원 내 1등과 전국 모의고사 1등도 종종 하는 정도가 되었다.

괴롭고 끝나지 않을 것 같았던 공부도 결국엔 끝이 났고, 원하던 대로 한국외대 영어학과로 편입을 하게 되었다. 편입영어 공부는 지독할 정도로 힘들었지만 그때가 아니었다면 그렇게까지 아카데믹하고 어려운 난이도의 영어를 실컷 공부할 수 있는 기회가 없었을 것 같다.

호랑이 동굴로
찾아 들어가야
하는 이유

"If you dare nothing, then when the day is over, nothing is all you will have gained."

- Neil Gaiman

늘 '안전' 타령만 하는 사람에게 남는 건 '안전' 뿐이다.　　　　- 닐 게이먼

한국외대에 편입을 하게 되었을 때 사실 긴장이 많이 됐다. 나 역시 영어 실력으로 어디 가서 뒤지지 않았지만, 한국외대 영어학과에는 영어를 정말 잘하는 학생들이 많다고 익히 들어왔기 때문이었다. '도대체 외대 영어학과 학생들은 얼마나 잘할까?', '내 영어가 여기에서도 먹힐까?' 이런 생각들이 머릿속에 가득했다.

그렇게 시작된 외대에서의 첫 학기, 예상대로 외대 학생들은 만만한 학생들이 아니었다. 다들 워낙 똑똑하기도 했지만, 무엇보다 영어 실력이 뛰어난 학생들이 매우 많았다. 머리도 좋고 영어도 잘하는 학

생들이 모여서 열심히 공부하니 경쟁은 너무도 치열했다. 그렇다고 어디 가서 기가 죽는 성격은 아닌지라 오히려 기쁜 마음으로 이를 악물고 남들보다 더 공부했고 과제 하나를 하더라도 완벽을 기했다.

외대 영어학과에는 크게 두 부류의 학생들이 있는데, 먼저 수능을 잘 봐서 들어왔지만 영어 실력은 평범한 학생들이 있고, 아예 해외에서 오랫동안 거주한 뒤에 특별전형으로 입학한 학생들이 있다. 후자의 경우 원어민이거나 원어민에 준하는 영어 실력을 갖고 있다. 그러다보니 특별전형 입학자들은 외국인 교수 수업을 많이 듣는다. 영어가 거의 완벽에 가까운 학생들이다보니 이런 수업일수록 좋은 성적을 받기가 더 쉽기 때문이다.

한국에서만 공부를 한 학생들이 해외파 학생들이 선호하는 수업을 같이 들으려면 엄청난 노력을 해야 한다. 애당초 영어 실력 면에서 큰 차이가 나기 때문에 이 격차를 노력으로 메우려면 상당히 애를 써야 하는 것이다. 그래서 몇몇 국내파 학생들은 이 교포 학생 무리를 피해 수강을 하기도 한다. 하지만 나의 경우에는 반대였다. 이런 학생들이 있는 수업을 오히려 찾아다녔다. 물론 열심히 해온 만큼 영어에 자신이 있기도 했지만, 그보다 이렇게 치열한 환경에 스스로 찾아가야 비로소 성장한다고 믿었기 때문이다.

편입 전에는 매 학기 성적 장학금을 받았었다. 외대에서 첫 학기가 끝나갈 때쯤 '과연 여기에서도 장학금을 받을 수 있을까?' 하는 궁금증이 들었다. 다행히 노력은 배신하지 않았다. 첫 학기 성적은 매우 우수했고 덕분에 성적 장학금을 받을 수 있었다. 2년을 악착같이 달려

들어 공부한 결과, 졸업 평점은 4.5점 만점에 4.47점이 나왔다. 스스로 어려운 환경을 찾아다니며 치열하게 학습하지 않았다면 이런 좋은 결과는 없었을 것이다.

가급적 피하고 싶은 영어를 써야 하는 상황이 있는가? 그렇다면 그런 상황을 일부러 연출해보자. 영어 울렁증 때문에 원어민을 만나는 것을 가급적 피하고 싶다면, 원어민이 우글거리는 장소를 찾아보자. 영어가 자신이 없어 영어 발표만은 피하고 싶다면, 자원해서 영어 발표자로 나서보자. 편하고 안전한 길만 걷는 게 습관이 되면 정말 어려운 상황이 들이닥칠 때 속수무책으로 무너지게 되는 법이다.

위험을 무릅쓰고 영어를 써야 하는 상황에 뛰어들게 되면 결과는 좋을 수도 있고 나쁠 수도 있다. 하지만 결과를 지레 예단하고 겁부터 먹지 말자. 결과를 떠나, 위험을 부담하며 도전하는 경험을 통해 자신의 영어 실력을 한 단계 더 성장시킬 수 있을 것이다.

'함께'의
중요성

    학부 3학년 2학기가 끝나갈 때쯤 졸업 후 계획에 대한 고민이 생겼다. 영어 공부를 좀 더 하고 싶은 욕심은 있는데, 이런 나의 갈증을 채워줄 수 있는 교육과정이 무엇인지 알지 못했다. 어릴 때부터 영어를 가르치는 일을 하고 싶어 했기 때문에 막연하게 교육대학원 진학을 검토 중이었다. 그러다가 앞서 소개한, 내게 큰 영향을 줬던 영어 과외 선생님을 찾아뵙게 되었다.

    "넌 졸업하면 뭐 할 거냐?"

    "공부를 좀 더 하고 싶은데 어떤 대학원을 가야 할지 모르겠어요. 영어를 가르치려면 영어교육학과가 나을지, 영어학 석사를 할지……"

"야, 됐고, 그냥 너 통번역대학원 가."

선생님의 권유에 따라서 통번역대학원 입시를 준비하기 시작했다. 강남에 있는 유명 통번역 입시학원에 등록을 한 뒤 첫 수업에 참석했다. 첫 수업은 충격 그 자체였다. 선생님이 긴 지문을 음성 파일로 틀어주면 그걸 듣고 외워서 영어는 한국어로, 한국어는 영어로 옮기는 연습을 했다. 선생님이 호명을 하면 학생들이 번갈아가며 발표를 하는 식이었다.

"김태훈 씨? 김태훈 씨가 발표해보실까요?"

드디어 나에게도 마이크가 돌아왔다. 내가 마이크를 건네받자 선생님이 음원을 틀었다.

"자, 그럼 들어볼게요."

"……"

'뭐지? 이해가 하나도 안 되는데?'

소리가 귀에 들어왔다가 도로 튕겨 나가는 듯한 느낌이었다. 머릿속이 하얘지면서 하나도 알아듣지 못했다.

"자, 이제 한국어로 옮겨보세요."

"어... 어......"

수십 명이 내 통역을 듣고 있다는 중압감에 엄청 긴장이 됐다. 그렇게 생애 첫 통역 발표를 아주 보기 좋게 망쳐버렸다. 수업의 난이도도 충격적이었지만 그보다 더 충격적이었던 것은 70~80명 정도로 이뤄진 한 반 안에 나 정도 영어를 구사하거나 나보다 더 유창한 영어를 구사하는 사람들이 족히 20명은 됐다는 것이다. 이전까지는 단 한 번도 이런 환경에 놓여본 적이 없었다. 마치 무림 고수들이 한자리에 모여서 갈고 닦은 무술 실력을 뽐내는 자리 같았다. 신선한 자극 정도가 아니라 아찔할 정도의 압도감이 느껴지는 학습 환경이었다. 역시 세상은 넓고 잘난 사람은 많았다.

내가 통번역대학원 입시를 준비하던 당시, 한국외대 통번역대학원 기준 매년 약 8백~1천 명 정도가 시험에 응시했다. 이 중 최종 합격 인원은 40~50명에 불과했다. 영어라면 날고 긴다는 사람 20명이 달려들어 1년 동안 고3처럼 통역 공부만 했을 때 그중 19명이 떨어지는 시험이란 이야기다.

쉬운 시험이 아닌 만큼 각오를 다잡았다. 행여 공부 분위기가 흐트러질까봐 동갑내기였던 스터디 파트너와 끝까지 말도 놓지 않았고, 식사도 따로 해결했다. 아침 일찍 스터디 파트너와 만나 전날 배운 수업 자료를 가지고 단어 스터디를 진행한 뒤 통역 연습으로 넘어갔다.

점심은 각자 편의점이나 집에서 해결하되 시간은 20분 내외로 제한했다. 그렇게 매번 밥을 입에 쑤셔 넣다시피 하고 돌아와 다시 해가 질 때까지 함께 통역 스터디를 했다.

이렇게 몇 개월 했더니 이 무렵 고수들 중에서도 상위권 그룹에 들 수 있었다. 열심히 한 덕분에 학교에서도 학원에서도 많은 기대를 받았다. 기대에 힘입어 최선을 다했고 드디어 1차 필기시험 날이 밝았다. 그런데 LC 유형 문제를 풀던 도중 유독 한 지문 내용이 잘 이해가 되지 않았다.

'응? 그래서 요지가 뭐지?'

이렇게 잠깐 생각에 빠져 있는 동안 내레이터가 해당 지문과 관련된 문제들을 읽어줄 때 문제 자체를 듣지 못하고 놓쳐버렸다. LC 파트는 시험지에 문제를 따로 적어주지 않고 음성 파일로만 들려줬기 때문에 문제를 못 들으면 답을 찍을 수밖에 없었다.

'내가 지금 뭘 한 거야?!'

워낙 치열한 시험이라 한두 문제만 틀려도 당락이 바뀔 수 있었다. 그렇게 당황하기 시작해서 그 지문에 달려 나온 다섯 문제 정도를 하나도 제대로 듣지 못했다. 나머지 문제를 다 맞혀도 떨어질 가능성이 높아진 상황이었다. 큰 실수를 했다는 생각에 남은 문제들도 계속 허

우적대듯이 풀었던 기억이 난다.

그래도 학원에서 1차 시험 모의고사를 풀 때 늘 상위권에 들었기 때문에 '설마 떨어지겠어?' 하는 생각으로 1차 발표일을 기다렸다.

결과는 불합격이었다.

모두가 단번에 합격할 것이라고 믿어주었던 터라 스스로도 충격이 컸다. 1년 동안 통역 연습을 했는데 필기시험이었던 1차에서 불합격했으니 통역은 보여주지도 못하는 상황이 됐다. 죽어라 칼을 갈고 무예를 익혔는데 활에 맞아 허망하게 전사한 기분이랄까. 학원에서 공부를 하다가 불합격 사실을 확인하고 그길로 대낮에 편의점에 가서 맥주를 한 캔 샀다. 길거리에서 벌컥벌컥 한 번에 해치우고 긴 한숨을 내쉬었다.

'이건 진짜 말도 안 돼.'

받아들이기 힘든 결과에 자존심은 산산조각이 났고 대학원이 내 실력을 알아보지 못했다는 생각에 억울했다. 일단 다 내려놓고 잠시 휴식을 가지기로 했다. 한두 달 정도 그동안 못 놀았던 걸 몰아서 다 놀았다. 계속 비겁하게 남 탓을 하고 있기에는 시간이 아깝다는 생각이 들었다.

'부족한 게 있으니까 떨어졌겠지.'

스스로의 부족함을 인정하고 재수를 결심했다. 보통 재수생들은 3월쯤 다시 공부를 시작하곤 하는데, 나는 이듬해 1월부터 곧바로 다시 학원에 나갔다. 이번에는 더 이를 갈았고 더 치열하게 공부했다. 나는 주로 학원 9층에서 통역 자습을 했는데 나중에 대학원에 합격한 뒤 알게 된 사실이, 수험생들 사이에서 내 별명이 "9층 귀신"이었단다. 9층만 가면 있다고. 그 정도로 열심히 했다.

되돌아보면 오히려 한 번의 실패가 나에게는 호재였다. 1년 더 공부를 하고 나니 확실히 남들보다 눈에 띄게 앞서 있었다. 그래도 긴장의 끈을 늦추지 않았다. 주말은 말할 것도 없고 공휴일도 모두 반납해가며 365일 하루도 쉬지 않고 공부를 했다. 시험이 얼마 남지 않았을 무렵에는 오히려 시험 날이 기다려졌다. 그렇게 두 번째 시험 날이 찾아왔다.

'이건 무조건 붙었다!'

두 번째 시험을 보던 해에는 1차와 2차 시험 모두 끝내고 나오면서 합격을 확신했다. 완벽한 퍼포먼스는 아니었을지 몰라도 다시 해도 더 잘할 수 없을 것 같다는 생각이 들었다. 예상대로 결과는 합격. 2년을 투자해 준비한 시험이었기 때문에 그 성과도 더욱더 값지게 느껴졌다. 합격 발표를 확인한 직후에는 일단 원 없이 일주일 정도를 연달아 놀았다. 못 만났던 친구들도 만나고 술도 진탕 마시고 그렇게 일주일을 보냈더니 막상 그것도 별반 재미가 없었다. 그래서 학비를 벌기 위해 영어 강사를 시작했고 개강일 직전까지 일을 계속 했다.

통번역대학원에 입학을 하면 보통 첫 두세 달은 자기가 영어를 세상에서 제일 잘하는 줄 착각하며 보내게 된다. 하지만 산 넘어 산이라고, 20:1의 경쟁을 뚫고 들어온 동기들과 또 한 번 피 튀기는 선의의 경쟁을 시작해야 했다. 1학년 2학기가 끝날 때 국제회의반(동시통역반)을 선발하는 시험이 기다리고 있었다. 국제회의반에 선발되는 인원은 일반적으로 8~10명 정도뿐이어서 또다시 약 5:1의 경쟁을 뚫어야 하는 상황이 됐다. 동기들은 엘리트 중의 엘리트들이었다. 게다가 다들 독한 성격이어서 이런 사람들을 50명 모아놓고 경쟁을 시키니 정말 살벌했다.

대학원 재학 시 학비와 생활비를 벌면서 공부해야 했다. 학부생 때는 거의 항상 전액 장학금을 받았기 때문에 생활비와 자취방 월세만 벌면 됐지만 대학원은 성적 장학금의 액수가 훨씬 적기 때문에 일을 더 많이 했다. 특히 1학년 여름방학 때는 밥 먹을 시간도 없을 정도로 바쁘게 일을 하며 작정하고 학비를 벌었다. 풀타임으로 공부만 하는 동기들에 비해서 일에 빼앗기는 시간이 많아 학업량이 부족했다. 그래서인지 입학했을 때는 선두 그룹에 속했다고 느꼈는데 시간이 지날수록 나만 점점 뒤처지는 기분이 들었다.

'이대로는 안 되겠다.'

1학년 2학기에 접어들면서 학습 계획을 더 빽빽하게 수정했다. 매일 아침 7시에 학교에 나가서 밤 11시에 건물에서 쫓겨날 때까지 처박혀 통역 공부를 했다. 물론 여전히 중간에 일은 계속해야 했지만 일 때문에 빼앗긴 공부 시간은 잠을 줄여가며 채웠다.

더 안정적인 딜리버리를 위해서 통역 연습한 내용을 모두 녹음해 들어보고, 불만족스러운 통역 결과물이 나온 경우 '네가 이기나 내가 이기나 한번 해보자'라는 마음으로 만족스러운 퍼포먼스가 나올 때까지 같은 지문을 열 번이고 스무 번이고 다시 연습했다.

어느덧 다가온 국제회의반 선발 시험 날. 내가 처한 상황에서 나름 최선을 다했지만 상대적으로 시간이 부족했던 터라 약점들을 다 보완하지 못한 채로 시험을 치르게 됐고 당일 퍼포먼스도 성에 차지 않았다. 이듬해 겨울방학 중 국제회의반 선발 시험 결과가 발표됐다. 아무런 기대도 없이 학번과 비밀번호를 입력하고 조회 버튼을 눌렀다.

"합격?"

믿기지 않아 다시 로그인을 해서 재차 확인해보았지만 결과는 합격이었다. 그런데 의외로 마냥 기쁘지가 않았다. 시험 날 퍼포먼스가 나 스스로에게 만족스럽지 않았기 때문에 운이 좋아서 합격한 듯한 기분을 지울 수가 없었다. 나를 포함하여 상위 10명 안에 선발된 사람들과 앞으로 1년간 또 경쟁을 해야 한다는 생각에 걱정도 컸다.

통번역대학원은 재학생들이 잠시도 긴장의 끈을 늦출 수가 없는 곳이다. 처음 20:1의 경쟁을 뚫고 입학을 하면, 5:1의 경쟁률을 자랑하는 국제회의반 선발 시험이 기다리고 있고, 그렇게 해서 국제회의반에 선발이 되면 다시 한 번 2학년 말에 치르게 될 졸업시험 대비에 들어가야 한다. 국제회의반 10명 기준 한 번에 졸업시험을 합격하는 학생이 1~2명에 불과하다. 또다시 5:1의 경쟁에서 살아남아야 하는 것이다.

2학년 때는 본격적으로 동시통역 공부를 시작했는데, 정말 동시통역이란 사람이 할 수 있는 가장 고차원적인 인지 활동이라는 생각이 들었다. 어려워도 너무 어려웠다. 2학년이 된 해 5월쯤에는 생활비를 벌기 위해 그나마 하던 일마저 다 그만두고 공부에 몰두했다. 그럼에도 불구하고 동시통역 공부는 한없이 어렵기만 했다. 첫 졸업시험 결과는 불합격. 재시험 끝에 합격하고 졸업을 했다.

통번역대학원을 다니던 시절은 경쟁과 좌절의 연속이었다. 늘 영어로 칭찬만 받던 내가 바닥도 찍어보고, 교수님에게 정신이 번쩍 들도록 혼도 나보고, 엘리트 중 엘리트인 동기들과 치열하게 경쟁하면서 때로는 자존심에 상처도 입었다.

참 힘든 2년이었지만 영어 실력은 또 한 번 성장할 수 있었다. 일과 학업을 병행하며 지칠 법도 했지만 그래도 꿋꿋하게 견디어낼 수 있었던 것은 늘 긴장의 고삐를 늦출 수 없게 해줬던 뛰어난 실력의 동기들 덕분이었다. 선의의 경쟁은 나에게 더욱더 치열하게 공부할 이유를 만들어주었고 그 과정에서 만들어지는 시너지는 대단했다.

만일 내가 통번역대학원을 준비하기로 결심하지 않고 바로 영어를 가르치는 일에 뛰어들었더라면, 이처럼 영어 고수들과 피 튀기는 경쟁을 할 일도 없었을 것이고, 당시 나의 영어 실력에 만족하며 살았을 것이다.

일반 영어 학습자들의 경우 나처럼 치열한 환경에서 영어 공부를 할 일도 없을 것이고 그럴 필요도 없을 것이다. 주변에 영어를 전문적으로 하는 사람들이 많지 않을 수도 있다. 하지만 치열한 학습 환경이나 함께 공부하는 상대방의 뛰어난 영어 실력이 성공적인 영어 학습의 핵심은 아니다.

나의 경우 커리어와 직결되는 학업이었기 때문에 치열하게 임하는 것이 당연한 일이었다. 하지만 대부분 일반 영어 학습자들은 영어가 본업과 직결되지 않기 때문에 본인에게 필요한 강도로만 학습을 하면 된다.

함께 공부하는 사람이 영어를 아주 잘할 필요도 없다. 실제로 영어가 완벽하지 않은 두 사람이 함께 영어회화 연습을 해도 회화 실력은 개선된다. 상대와 주거니 받거니 말을 하는 연습을 하면서 스스로의 문제점을 파악할 수 있게 되고, 주어진 시간 내에 빠르게 대답을 하는 능력이 배양된다. 결과적으로는 반복 연습을 통해 문장을 만들어내는 전반적인 능력이 좋아질 수 있다.

본인이 어느 정도의 강도로 얼마만큼 영어 학습을 하고 싶은지 생각해보자. 그리고 그 과정을 덜 힘들게 느끼게 해줄 뜻이 맞는 학습 파트너를 찾아보자. 현실적으로 지나치게 무리가 되지 않을 정도로 학습 시간을 정하고 이 시간은 무슨 일이 있어도 어기는 일이 없도록 관리해보자.

알고 싶다면
가르쳐라

　누군가를 가르쳐본 경험이 있는 사람이라면 학생보다 선생이 더 공부를 많이 해야 한다는 사실을 잘 알고 있을 것이다. 지식이 상대적으로 부족한 학생의 시각으로 내용에 재접근하고 학생이 이해하기 쉽게 전달하는 방법을 연구하다보면, 학생 때보다 더 꼼꼼하게 가르치는 내용을 공부하고 익히게 된다.

　10대 때부터 가르치는 일을 해온 나 역시 이러한 경험을 했다. 파닉스, 초·중·고등학생 영어, 토익, 토플, 텝스, 영어회화, 영어 인터뷰, 직장인 영어, 영어 통번역 등 다양한 과목을 가르치며 이미 알고 있던 사실을 다시 정리해 익히게 되었고 그 과정을 통해 모르던 것들도 많이 알게 되었다.

　특히 통번역을 가르치는 일을 하면서 정말 많은 공부를 하게 됐다. 통번역대학원 2년 과정을 마치고 내가 다녔던 통번역대학원 입시 준비 학원에서 스카우트 제안을 받았다. 당시 원장님은 굉장히 좋은 조건을 제시해줬지만, 제안을 받고 제일 먼저 들었던 생각은 '감히 내가 통번역을 가르친다고?'였다. 통번역대학원에서 스스로의 부족함을 너무나도 많이 느껴본지라 누군가에게 통번역을 가르칠 정도의 실력이 나에게 있을까 의심이 들었다.

고민 끝에 결국은 강의를 맡기로 결심했다. 원장님은 나에 대한 전폭적인 신뢰와 지원을 아끼지 않았고 나는 기대에 부응하기 위해 밤을 새워가며 수업을 준비했다. 자리가 사람을 만든다고 했던가. 막상 닥치니 또 해내게 되더라.

쉽지는 않았다. 한 번의 수업을 준비하는 데에 살인적인 시간이 들어갔다. 뛰어난 학생들 앞에서 부족함이 없는 강사가 되기 위해서 노력하다보니 3시간 수업을 준비하는 데 15~20시간이 들어갔다. 통역연습에 쓸 지문을 검색하고 선정하는 것만 해도 상당한 시간이 걸렸다. 그리고 나면 영어, 한국어 내레이션 녹음을 하고 각주를 단 뒤 번역본을 만들었다. 그날 배운 표현을 그날 바로 써먹어볼 수 있도록 연습 지문들의 내용을 서로 맞췄다.

수업을 준비하면서 느낀 점이 '나는 아직도 많이 부족하구나'였다. 학생들 앞에서는 완벽한 모습을 보이려 애썼지만 준비하는 과정에서 나조차 모르는 게 참 많았고 이런 부족한 점들을 채우려고 노력을 하다보니 저절로 공부가 됐다.

이제는 통번역 강의가 숨쉬는 것처럼 편해졌지만, 여전히 수업을 준비하는 과정은 나에게 신선한 자극을 주고 새로운 지식을 습득하게 해준다. 수업에 임할 때도 놀라울 정도로 뛰어난 실력의 학생들의 궁금증을 풀어주는 과정에서 나도 모르고 있었던 내용들을 깨닫게 되기도 하고 알고 있었던 것들을 새로이 정리하게 되기도 한다. 바로 이처럼 계속 새로운 걸 배울 수 있다는 점이 내가 통번역 강사라는 직업을 사랑하는 이유이기도 하다.

'내 영어도 부족한데 감히 누굴 가르칠 수 있겠나?' 하는 생각은 하지 않아도 된다. 가르치는 걸 업으로 하는 나와 같은 입장이 아니라면 잘 가르치지 못해도 좋다. 누군가를 가르치는 연습을 하는 과정에서 스스로 배우는 것이 목적이 되어야 한다.

가르칠 대상이 딱히 없다면 함께 공부하는 학습 파트너와 서로에게 정해진 내용을 가르치는 시간을 가져보길 권한다. 혼자서 문제 풀이를 하며 학습을 하는 것보다 훨씬 더 깊이 있는 학습이 가능할 것이다.

예를 들어 영문법을 익히고 싶다면 혼자 카페나 도서관에 가서 지루한 문제 풀이만 할 것이 아니라, 스터디 그룹을 구성하여 관계대명사, 전치사 등 각자 맡은 부분에 대해 강의를 준비해보는 것이다. 서로 의문점이 생기는 부분들은 질문을 하고 이것에 대해 답변을 하지 못할 경우 함께 답을 찾아보면 된다. '가르치기 위한 공부'를 통해서 영어에 다각도로 접근해볼 수 있을 것이다.

페라리를 모는
젊은이

길을 가다가 빨간색 페라리 한 대가 지붕을 연 채 으르렁대며 지나가는 것을 목격했다고 치자. 화려한 외관에 고개가 절로 돌아갈 것이다.

'저런 차를 모는 사람은 도대체 뭐 하는 사람일까?'

이런 궁금증이 생겨 운전석을 빤히 쳐다보니, 앉아 있는 사람의 나이는 기껏해야 20대 후반에서 30대 중반.
이 상황에서 당신은 어떠한 생각을 하겠는가?

'부모 잘 만나서 팔자 좋~다!'

나라도 이런 생각을 할 것이다. 그 나이에 자기 능력으로 3~4억 원을 웃도는 페라리 오픈카를 살 수 있는 사람이 있을 리가 없을 테니 말이다.

그런데 한번 생각해보자. 만약에 그 사람이 살면서 가장 중요시했던 것이 페라리를 소유하는 것이었다면 어떨까? 삶의 초점이 페라리 소유에 있었다면? 중학교 때부터 페라리를 사는 것만 생각하며 살아왔다고 한다면 어떨까?

부모님이 학원비, 과외비로 준 돈을 모두 저금하고 학교를 가는 대신 새벽부터 밤까지 몸이 부서지도록 아르바이트를 하며 돈을 모았다면? 대학 진학을 포기하고 등록금으로 쓸 돈까지 모두 모아 스무 살에 작은 오피스텔을 매입해 월세를 받아가며 그 월세만큼의 비용이 들어가는 작은 사업을 시작했다면 어떨까? 사업을 조금씩 키워나가며 남들 놀 때 저축하고, 비싼 커피 대신 자판기 커피로 버텼다면? 주말이나 휴가도 없이 365일 일만 하며 살았다면?

이렇게 살아서 나이 20대 후반, 30대 중반이 되었다면, 페라리 신차까지는 아니더라도 중고차 정도는 거뜬히 살 수 있을 것이다. 힘들어 보이는 목표도 간절히 원하고 오랫동안 노력하면 분명 어떤 식으로든 이뤄내게 되어 있다.

그럼 여기에서 자문해보자.

"나의 인생에서 페라리가 꼭 필요한가?"

편의를 위해 누구나 자가용이 필요할 수 있다. 하지만 모든 사람이 페라리를 타야 하는 건 아니다. 페라리는 화려하고 많은 사람들의 동경의 대상이 되지만, 동경하는 것과 필요한 것은 별개의 문제이다. 목마른 자가 우물을 파듯, 정말 페라리가 인생에서 필요했다면 어떤 식으로든 페라리를 샀을 것이란 말이다.

다시 페라리 오픈카를 목격했던 상황으로 돌아가보자. '젊은 사람이 저렇게 비싼 차를 몰다니, 부잣집 자제인 게 분명해' 이런 생각이 드는 것도 무리가 아니지만, 겉으로 보이는 게 다가 아니다. 그 차를 소유하기까지의 과정을 들어보기 전에 섣불리 판단을 내려선 안 된다는 것이다.

영어는 내 인생의 페라리였다. 꼭 가져야만 하는 것이었고 열다섯 어린 소년이었을 때부터 영어 정복만을 꿈꾸며 달려왔다. 언어에 남다른 재능이 있었고, 영어에 자존심을 걸고 상상을 초월하는 노력을 영어 학습에 쏟아부었다. 하지만 대부분의 사람들은 혹독하다시피 했던 나의 영어 학습 과정에 대해서는 모른 채, 완성된 모습만 보고 동경을 하곤 한다.

나를 교포 또는 장기 유학파인 줄 알았던 사람들에게 "저 국내파예요"라고 말하면 사람들은 마치 페라리를 모는 젊은 사람을 보듯 여러 추측들을 내놓는다.

'유복한 집안 출신이어서 어렸을 때부터 특수한 교육을 받았을 거야.'

'언어적 재능이 남달리 뛰어났을 거야.'

'남들은 모르는 자신만의 영어 학습 비법이 있었을 거야.'

이들은 화려해 보이는 나의 영어 실력을 부러워하며 어떻게 영어를 공부해야 나처럼 영어를 구사할 수 있는지 물어 온다.

하지만 막상 나의 치열했던 영어 공부 과정 이야기를 들려주면 허탈해하거나 영어를 도리어 포기하고 싶어 하는 사람들이 많다. 이 장의 이야기를 읽으며 '지독하다, 나는 저렇게는 못 할 것 같아', '영어를 정복하는 왕도 같은 것은 없구나, 난 안 되겠다'와 같은 생각이 들었다면, 다시 한 번 자문해보자.

"나의 인생에서 완벽한 영어는 꼭 필요한가?"

영어를 잘하면 좋은 점은 셀 수 없이 많다. 한국에 국한되어 있던 시야가 세계로 확대되고, 정보 수집도 빨라진다. 좋은 직장에 취직을 할 때도, 해외 주재원 선발 과정이나 승진 심사에서도 뛰어난 영어 구사 능력은 플러스 요인이다. 그러니 많은 사람들이 완벽한 영어를 구사하는 사람들을 선망의 눈빛으로 보는 것도 이해할 만하다.

하지만 페라리가 아니더라도 자동차만 있으면 되는 사람들이 대부분이듯, 완벽한 영어가 아니더라도 본인이 필요로 하는 영어를 구사할 수 있다면 인생이 더 풍요로워지고, 닫혀 있던 기회의 문이 열린다.

영어 공부에 매번 실패했다면 본인이 목표를 잘못 설정해온 것은 아닌지 되돌아보자. 영어 공부에 성공하기 위해서는 '완벽한' 영어가 아닌, 지금의 내 영어 실력보다 아주 조금 더 나은 영어 실력을 갖추는 것을 첫 번째 목표로 삼아야 한다.

현재 영어 실력과는 거리가 먼 완벽에 가까운 영어만 좇다보면 본인이 원하는 완벽한 영어 근처에도 못 가게 된다. 원하는 결과가 나오지 않는 상황이 반복되면서 영어 학습에 대한 동기를 잃고, 결국은 영어 공부 자체를 포기해버리게 될 것이다.

다시 한 번 자문해보자.

"나의 인생에서 완벽한 영어는 꼭 필요한가?"

아니다. 영어를 업으로 삼아 영어로 밥벌이를 할 사람이 아니라면, 영어가 좀 부족해도 괜찮다. 중요한 것은 지금의 영어 실력보다 조금 더 나아지는 것이다.

단기간 내에 달성이 가능한, 손을 뻗으면 닿을 듯한 학습 목표를 세우면 결과가 나온다. 결과가 나오면 재미와 보람이 느껴지고 그다음부터는 누가 시키지 않아도 스스로 공부를 하게 된다. 이렇게 앞으로 10년, 20년에 걸쳐 영어를 공부한다고 치자. 아이러니하게도 본인이 포기했던 '완벽한' 영어의 모습에 상당히 가까워져 있을 것이다.

노력 없이 페라리를 살 돈을 모을 수 없듯, 영어 학습에도 왕도가 없다. 효과적인 학습법만 있을 뿐이다. 언어를 배우는 데에 들어가는 최소한의 학습량을 투자하지 않고 영어를 잘하려고 하는 무리한 시도는 이제 그만하자. 이어질 4장과 5장에 효과적인 학습법을 소개해두었다. 이 효과적인 방법들을 통해 지금의 내 영어보다 조금 더 나아지는 것을 목표로 당장 영어 공부를 시작해보자.

4장

습관이란 좋은 습관, 나쁜 습관을 막론하고
한 번 생기면 쉽게 깨지지 않는 경향이 있다.
영어 공부를 습관처럼 하게 된다면 꿈에만
그리던 영어 정복도 실현 가능한 목표가 된다.
그럼 어떻게 해야 영어 공부를 하는 습관을 형성할 수 있을까?

습관
영어

외국어 학습과
운동의 닮은 점

특정 외국어를 마스터한 사람들이 입을 모아 하는 말이 있다. 그건 바로 외국어를 배우는 것과 운동이 서로 닮은 점이 많다는 것이다. 영어 학습과 운동에 많은 시간을 투자해온 나 역시 이에 크게 공감한다. 외국어 학습과 운동은 어떤 점이 닮았는지 알아보자.

첫째, 외국어 학습과 운동은 모두 인간의 고차원적인 욕구 해소 행위이다. 외국어를 능수능란하게 구사할 수 있게 되면 닫혀 있던 기회의 문이 열리고 커리어 성공을 거두는 데에 도움이 된다. 규칙적인 운동은 신체를 더 건강하게 만들어주고 이에 더불어 외모까지 가꾸어주어 타인의 부러움을 사게 한다. 매슬로우의 인간 욕구 5단계 이론 Maslow's hierarchy of needs[3]에 따르면 외국어 학습과 운동이 가져다주는 이와 같은 혜택들은 모두 고차원적 욕구 해소 행위이다. 남들과 자신을

차별화함으로써 더 돋보이고 성공을 거두고자 하는 '존경 욕구'를 해소하려는 행위에 해당된다. 매슬로우는 인간의 욕구에는 우선순위가 있다고 보았으며, 저차원적인 욕구가 해소된 뒤에야 비로소 고차원적인 욕구 해소를 추구한다고 보았다.

매슬로우의 인간 욕구 5단계 이론

자아실현
욕구

존경 욕구

애정, 소속에 대한 욕구

안전에 대한 욕구

생리적 욕구

다시 말해, 우리 인간은 먹고 마시고 자는 문제, 안전하게 살 수 있는 집을 마련하는 문제, 친구들이나 가족들과 보낼 수 있는 시간을 충분히 갖는 문제 등 저차원적인 욕구가 먼저 해소되지 않으면 고차원적인 욕구를 해소해주는 외국어 학습이나 운동 따위에 관심을 보이지

---

3 에이브러햄 매슬로우(Abraham Maslow)가 1943년 제안한 인간 욕구에 관한 학설. 이 이론에 따르면 사람은 누구나 생리적 욕구, 안전에 대한 욕구, 애정·소속에 대한 욕구, 존경 욕구, 자아실현 욕구 이렇게 다섯 가지 욕구를 지닌다.

않는다는 말이다.

둘째, 이 때문에 외국어 학습과 운동은 둘 다 시작이 어렵다. 사람은 배가 고프면 누가 시키지 않아도 먹을거리를 찾아 나선다. 비가 내리기 시작하면 누가 시키지 않아도 서둘러 지붕이 있는 곳을 찾아 뛰기 시작한다. 모두 저차원적인 욕구 해소 행위이다. 이처럼 저차원적인 욕구를 해소하는 행위는 시작이 쉽다.

반면 외국어 학습과 운동처럼 고차원적인 욕구 해소 행위는 시작을 하려면 상대적으로 더 강한 동인이 필요하다. 오늘 영어 공부를 한다고 해서 당장 먹을 것이 생기는 것도 아니고, 하루 운동을 한다고 즉각적인 신체상의 변화가 생기거나 남들의 부러움을 살 수 있는 것도 아니다. 그러다 보니 다들 계획만 세우고 실천 단계까지 가지 못한다. 모바일 게임, 친구와 나누는 커피 한잔, 술 한잔, 맛집 탐방, 해외여행 등 저차원적 욕구를 즉각적으로 해소해주는 일들에 밀려 외국어 학습 및 운동 계획은 금세 흐지부지되고 만다.

그렇다면 외국어와 운동 정복은 아예 불가능한 일인 걸까? 도대체 어떻게 해야 계획에서 그치지 않고 실천에 옮기고 습관으로 만들 수 있을까?

10년 가까이 운동과 담을 쌓았다가 이제는 하루도 빠짐없이 1시간 이상 운동을 하는 습관을 얻게 된 나의 운동 습관 형성기를 통해 먼저 그 답을 알아보자.

운동하는
습관

서른한 살이 되던 해 처음으로 비싼 종합건강검진을 받아보았다. 그런데 검진 결과를 두고 의사 선생님에게서 의외의 말을 듣게 됐다.

"체지방량이 연령대 평균보다 좀 높은 편이네요."

"네? 평균보다 높다고요?"

정말 황당 그 자체였다. 내가 살면서 연령대 평균보다 체지방량이 높다는 말을 듣게 되는 날이 오다니. 나는 어릴 때부터 운동을 참 좋아했다. 초등학교 재학 시절에는 학교를 마치고 와서 집 근처 공원에서 혼자 윗몸일으키기, 팔굽혀펴기를 하며 노는 게 취미였을 정도이다. 고등학교 때는 체력 단련에 더해 댄스팀 활동도 했고, 취미로 복싱도 했다. 운동을 하면서 취미 생활도 칼로리 소모가 많은 활동들을 위주로 하다보니 살이 찔 새가 없었다. 이처럼 활동량이 많았던 덕분에 늘 건강 체중을 유지했고 근육량이 많았다.

대학에 들어가서도 헬스장을 다니면서 운동을 계속 했고, 동시에 응원단 활동을 했다. 응원단 연습도 춤 연습이나 복싱 못지않게 칼로리 소모가 어마어마했는데, 그럼에도 불구하고 대학 입학 후 술을 마시기 시작하니까 예전처럼 쉽게 살이 빠지지 않았다. 칼로리가 높은 술에 술보다 칼로리가 더 높은 안주를 곁들여 먹는 날이 늘어났으니 어찌 보면 당연한 일이다. 이렇게 술자리가 잦았던 대학 생활 2년이 지나고 나니 몸에 제법 군살이 붙게 되었다.

2학년 2학기를 마치고 군에 입대했다. 카투사 대원들은 직업군인인 미군들과 동일한, 매우 엄격한 체력 기준을 요구받게 되는데, 그러다 보니 아침에 일어나서 부대원들이 매일 함께하는 운동도 한국군 대비 훨씬 더 고강도 운동으로 구성되어 있다. 전 부대원이 남산을 뛰어서 올라가기도 하고, 팔다리가 후들거려서 몸을 지탱하는 게 어려워질 때까지 근력 운동을 하기도 한다.

나는 부대원들 중에서도 유독 체력 단련에 의욕적으로 임했다. 운동을 좋아하기도 했지만 선임들에게 잘 보이고 싶은 마음, 미군들에게 괜히 책잡히고 싶지 않은 마음이 더 컸던 것 같다. 매일 아침 해가 뜨기도 전에 일어나서 집합 장소로 뛰어나가야 했기 때문에 자연스레 술도 기피하게 되었다. 덕분에 칼로리 섭취량도 어느 정도 자연스레 조절이 되었다. 전역을 앞두고 있었을 때는 다시 군살 없고 다부진 몸매를 되찾은 상태였다.

하지만 전역하고 나서 바로 시작한 편입 공부, 이어졌던 학부 생활 및 대학원 생활을 하는 내내 바쁘다는 핑계로 이렇다 할 운동을 거의 하지 않았다. 타고난 신진대사, 많은 운동량 덕분에 건강하고 다부진 신체가 늘 삶의 일부였던 터라 그걸 믿고 운동을 게을리하게 된 것이다. 운동을 하지 않으면서도 술은 자주 마셨고 학부와 대학원 시절 자취 생활을 하면서 야식도 자주 먹었다. 과외를 하고 새벽에 돌아와 배가 고프면 습관처럼 집 근처 맥줏집에 가서 맥주와 감자튀김을 사 와서 혼자 먹곤 했다.

통번역 강사 일을 한 지 3년 차쯤 되었을 때 운동의 필요성을 느껴 헬스장에 등록해보았지만, 학생 때와는 상황이 사뭇 달랐다. 운동을 오랫동안 안 하면서 몸이 둔해지기도 했고, 무엇보다 직장 생활을 하면서 규칙적으로 헬스장을 다닌다는 것이 생각보다 너무 어려웠다. 회사 건물 지하 1층에 있는 헬스장이라 마음만 먹으면 언제든지 가서 운동을 할 수 있었지만 바쁘다는 핑계, 과로했다는 핑계 등 이 핑계 저 핑계를 대며 하루이틀 운동을 빠지기 시작하여 나중에는 아예 안 가게 됐다.

강사 생활을 하면서 지인들을 만날 시간은 없고 일상은 불규칙하고 늘 스트레스에 시달리다보니 맵고 짠 고열량 음식을 많이 자주 먹게 되었고 밤늦게 혼자 맥주잔을 기울이는 일도 잦아졌다.

당시에는 내가 예전에 비해 살이 많이 쪘다는 것을 전혀 느끼지 못했다. 하지만 이 시절 찍은 영상이나 사진을 지금에 와서 보면 얼굴과

몸에 살이 엄청 올라 있다. 원래 살은 빼기 전까지는 찐 줄 모른다는 말이 정말 맞는 말이다.

이렇게 건강하지 못한 생활 습관을 바꾸게 된 큰 계기가 있었다. 어느 날 새벽까지 작업을 하는데 갑자기 몸이 말을 안 들었다. 목 뒷덜미부터 마비가 되는 느낌이 들더니 말도 나오지가 않고 몸이 앞으로 확 쏠리며 의자에서 바닥으로 쓰러졌다. 놀란 마음에 이튿날 곧바로 큰 병원을 찾아가 검진을 받았지만 다행히 몸 상태는 매우 양호하다고 했다.

그 뒤로 건강에 자신이 없어졌다. 그동안 몸을 너무 혹사시킨 것은 아니었을까. 스스로가 미련했다는 생각, 앞으로는 이렇게 살면 안 되겠다는 생각이 들었다. 내 몸을 좀 더 잘 살피고 더 건강해지고 싶었다. 그래서 작심하고 술을 끊고 식단을 관리하면서 꾸준히 규칙적으로 운동을 하기로 결심했다.

바쁜 일정 탓에 하루 중 잠을 잘 수 있는 시간도 너무나 부족했던 터라 헬스장에 등록을 하는 건 무리라고 생각했다. 헬스장에 오가는 시간, 옷을 갈아입고 운동을 하고 샤워를 마치는 시간까지 고려하면 최소 두세 시간은 필요하지만 나에게는 운동에 쓸 수 있는 그만큼의 시간이 없었다.

어떤 방법으로 운동을 하는 것이 좋을까 고민하던 중 스마트폰 애플리케이션을 하나 발견하게 되었다. '하루 7분만 운동하라'는 콘셉트로 만들어진 이 운동 앱은 초보자들도 따라하기 쉽게 3D 애니메이션 캐릭터가 등장해 운동 방법을 직접 보여준다.

'하루 7분 정도면 나도 할 수 있겠네.'

하루 7분, 아무리 바빠도 부담 없이 낼 수 있는 시간이라고 생각했다. 또한 어떤 순서로 무슨 운동을 할까 고민할 필요 없이, 스크린에 등장한 캐릭터가 하는 대로 따라 하기만 하면 되기 때문에 편리하고 쉬웠다.

처음에는 무료로 제공되는 몇 가지 운동만 체험해보았는데, 하다 보니 마음에 들어서 결국 유료 결제를 하고 잠금 설정이 되어 있었던 다양한 운동들도 모두 해보기로 했다.

이 운동 앱이 제시하는 장기 운동 목표는 '7개월간 하루 7분씩 하루도 빠짐없이 운동하기'였는데, 첫 한 달은 너무 무리하지 않기로 했다. 운동의 강도를 막론하고 하루 7분, 매일매일 딱 한 달만 해보자는 가벼운 마음으로 시작했다. 너무 지치고 피곤한 날은 간단한 스트레칭 운동이라도 7분을 해서 30일 동안 매일 운동을 해보기로 했다.

'하루 7분 운동으로 무슨 변화가 있을 수 있나?'라는 의구심이 들 만도 하다. 그런데 막상 운동을 하다보면 7분이 생각보다 금방 지나간다. 그러다보면 이런 생각이 든다.

'기왕 땀 흘린 김에 한 세트 더 할까?'

처음에는 운동이 귀찮고 숙제처럼 느껴졌다. 그런데 일단 한번 그날의 운동을 시작하고 나면 7분 정도 운동을 더 하는 게 그다지 큰 부담으로 느껴지지 않는다. 이렇게 하루 운동량이 한 세트에서 두 세트가 되고, 나아가 세 세트, 네 세트가 되었다. 나중에는 한번 운동을 시작하면 한 시간에서 한 시간 반 넘게 운동을 하게 되었다.

혼자 집에서 하는 운동이다보니 매우 지루하게 느껴질 수도 있었다. 하지만 이 앱은 운동이 지루하게 느껴지지 않도록 게임적인 요소를 마련해두었다. 바로 상벌 시스템이다.

이 앱은 주어진 미션을 달성하면 가상의 배지를 준다. 예를 들어 처음으로 두 세트를 연달아 하면 '두 세트 연달아 하기' 배지가 상처럼 주어지는 식이다. '이른 새벽에 운동하기,' '하루에 10세트 운동하기' 등 주어진 미션을 달성하고 가상의 배지를 모으는 재미가 쏠쏠했다. 물론 이 배지를 돈이나 쿠폰 등으로 전환할 수 있는 것은 아니었지만, 내가 열심히 한 것에 대해서 가상으로나마 인정을 해주니 운동을 하는 보람과 재미가 배가 되었다.

하지만 운동을 게을리하면 벌을 주기도 했다. 앱 사용자에겐 매달 하트 세 개가 주어지는데, 운동을 하루 쉴 때마다 마치 게임 속 캐릭터의 수명이 줄 듯이 하트를 하나 잃게 된다. 한 달이 지나고 나면 하트가 다시 세 개로 채워지는데 한 달이 지나기 전에 하트를 다 잃게 될 경우 '7개월간 하루 7분씩 하루도 빠짐없이 운동하기'라는 도전 과제는 실패로 끝나고, 그동안의 운동 기록은 다 사라진다. 이렇게 되면 다시 처음부터 7개월 동안 운동을 해야 한다.

이처럼 일종의 게임을 하듯이 운동을 하니 질리지 않고 재미있게 운동을 이어나갈 수 있었다.

하지만 막상 공들여 쌓아온 기록이 갑자기 다 사라지게 되면 꾸준히 운동을 해오던 사람도 의욕을 상실할 수 있다. 이를 막기 위해서이 앱은 일종의 장치를 마련해두었는데, 바로 하트를 돈을 주고 살 수있는 기능이다. 부담 없이 1달러만 내면 하트를 하나 살 수 있었는데, 앱 개발사는 하트 매출로 돈을 벌고, 앱 사용자는 아까운 기록을 잃지않을 수 있으니 서로 윈윈(win-win)이다.

독하게 식단을 조절하며 매일 이 앱을 이용해 운동을 해왔던 나도몇 달쯤 지났을 때 하트를 모두 잃는 달이 생겼다. 그때까지 운동을해온 기록이 유실되는 게 아까워서 처음으로 하트를 구입하게 됐다.

그런데 하트를 한번 충전해서 써보니 그 맛이 너무 달콤했다. 하루운동을 빠지는 대신 약 1천 원에 하트를 사버리면 되니까. 그 이후로도 하트를 종종 사게 됐고, 결과적으로는 이 앱에 돈을 꽤 쓰게 됐다. 한번 하트를 사니 더더욱 이 도전을 망치면 안 된다는 생각이 들었다. 쓴 돈이 있지 않은가. 너무 바쁜 스케줄 탓에 하트를 모두 잃게 되면또 충전을 하고 다시 도전을 이어나갔다.

이 앱은 운동을 한 날과 하지 않은 날을 달력에 표시해 한눈에 들어오도록 보여주는데, 여러 달 동안 운동을 해온 기록이 빼곡하게 쌓여가는 것을 눈으로 보니 스스로가 대견하고 뿌듯한 마음이 강하게 들었다.

나도 나름대로 운동의 성과를 기록했는데, 운동이 끝난 그 직후에항상 근육이 얼마나 커졌는지를 사진으로 찍어두었다. 이 사진들이몇 개월 치가 쌓이니 조금씩 몸이 변하는 게 한눈에 보였다. 지방은 줄어들고 근육은 더 크고 선명해졌다. 운동의 강도를 낮추거나 식단 관리를 소홀히 했던 달에는 어김없이 근육이 희미해지는 걸 보고 다시 각오를 다잡았다.

처음에는 술도 안 마시고 식단까지 관리한다며 친구들과 주변 사람들의 핀잔도 많이 받았다. 그런데 시간이 지나고 나니 사람들이 아예 나를 '술 안 마시고 운동하는 사람'이라고 인식하게 되었다. 더 이상 가까운 친구들도 나에게 술이나 칼로리가 높은 음식을 억지로 권하지 않는다.

SNS를 통해 구독자 및 팔로워들과 자주 소통을 하다보니 나의 이런 운동 습관에 대해서도 종종 언급을 하게 되었다. 그러다보니 어느 순간 그들 사이에서도 나는 '바쁜데 운동도 거르지 않는 독한 사람'이 되어 있었다.

처음에는 순전히 내가 좋아서 시작한 운동이었는데, 어느 순간 책임감이 들기 시작했다. 사람들이 내게 갖는 기대를 저버려서는 안 된다는 일종의 책임감 말이다. 내가 만들어놓은 이미지를 스스로 깨뜨리는 게 싫어서라도 운동을 하게 됐다. 사람들의 시선이 운동을 하게 하는 일종의 구속력이 된 것이다.

결국은 7개월 동안 거의 매일 빠짐없이 운동을 하게 되었고, 그 사이 총 7~8kg 정도를 감량했다. 근육도 선명하고 커져서 균형 잡힌 몸매가 되었다. 그런데 막상 7개월 동안 운동을 하기로 한 목표를 달성하고 나니 뿌듯함과 동시에 막막함이 밀려왔다.

'이젠 뭘 목표로 삼지?'

막상 끝나지 않을 것 같았던 7개월간의 도전이 끝나고 목표를 이루고 나자 맨 처음 운동을 시작했을 때처럼 강한 동인을 다시 찾아야만 했다. 물론 이 앱은 7개월 이후 다시 7개월에 걸친 도전을 이어나갈 수 있게 해주지만, 이미 다 경험해보았던 것을 처음인 양 의욕적으로 해나가는 일이 쉽지 않을 것 같았다.

어차피 처음과 같은 의욕을 불태울 수 없다면 억지로 힘든 목표를 세워서 포기하기보다는 좀 더 느슨한 계획과 목표를 세움으로써 운동이 온전히 나의 삶의 일부가 될 때까지 조금씩 꾸준히 운동하는 습관을 유지해나가야겠다는 생각이 들었다.

일단 가장 힘들었던 식단 관리를 덜 엄격하게 하기로 했다. 먹고 싶은 것을 먹고 싶은 만큼 먹되, 평소보다 더 많은 열량을 섭취한 날은 더 오래, 더 많이 운동하는 것을 규칙으로 정했다.

운동의 강도 역시 유연하게 조절하기로 했다. 거의 매일 빠뜨리지 않고 운동을 하는 체제는 그대로 유지하되, 예전처럼 유산소와 중량 운동을 섞어서 몇 시간씩 매일 하지 못하는 날에는 그냥 중량 운동만 하는 식으로 가기로 했다.

흔히들 목표를 재설정할 때는 더 야심찬 목표를 세우곤 하지만 오히려 역발상을 통해 습관이 온전히 자리 잡을 때까지 지치지 않도록 유연하게 목표 설정을 했더니 운동을 시작한 지 수년이 지난 지금까지 아무리 바빠도 거의 매일 운동하는 습관을 유지하게 됐다.

평범한 학생들, 직장인들처럼 술과 야식을 습관적으로 즐기고 운동은 멀리했던 내가 거의 매일 운동하는 습관을 형성할 수 있었던 비결을 10가지로 정리해보자면 다음과 같다.

첫째, 동인 모색 (건강해지고 싶다.)

둘째, 달성이 쉬운 목표 설정 (하루에 7분씩만 매일 운동하자.)

셋째, 단계별 구체적 목표 확립 (30일간 쉬운 운동이라도 무조건 매일 7분씩 하자.)

넷째, 즐거움 (일종의 게임 같은 상벌 시스템)

다섯째, 숨 쉴 틈 마련 (하트를 구입해 도전을 이어나갈 수 있는 시스템)

여섯째, 금전적 투자 (유료 서비스에 가입하고 하트를 구입함)

일곱째, 습관 형성 과정 기록 (달력에 운동한 날 표시)

여덟째, 개선점 확인 (신체 변화 기록)

아홉째, 자신을 구속하기 (금주 · 식단 관리 · 운동 중임을 주변에 알림)

열째, 목표 재설정 (장기 목표 달성 후 더 느슨한 목표로 도전을 이어나감)

이제 이 습관 형성의 비결을 영어 학습에 적용해보자.

동인 모색

　나의 첫 유튜브 구독자 파티 때의 일이다. 약 50명의 파티 참가자 중 한 남성 구독자의 질문이 기억에 남는다. 이분은 나에게 영어를 잘하면 좋은 점이 충분히 많은지를 물었다. 영어 공부를 하고는 싶은데 영어를 잘하게 되면 무엇이 좋은지를 잘 모르겠어서 이런 질문을 하게 되었다고 했다. 그래서 이렇게 말씀을 드렸다.

　"그건 사람마다 다를 수 있어서 제가 ○○ 씨에게 이런 점이 좋을 것이라고 단정할 수가 없는 부분이에요. 제가 말씀드리는 좋은 점들에 대해서 개인적으로 공감하지 못하실 수도 있고요. 스스로 영어를 잘했을 때 누리게 될 유익을 한번 따져보는 시간을 가져보시길 바랄게요."

사람들마다 좋아하는 것도 서로 다르고, 하고 있는 일도 다르기 때문에 영어를 잘하는 것이 가져다줄 유익은 천차만별일 것이다. 나의 경우에는 영어를 잘할 때 누릴 수 있는 가장 큰 유익으로 '정보력의 개선'을 꼽는다. 21세기, 누가 더 많은 지식을 머릿속에 담고 있느냐보다 필요한 정보를 얼마나 잘 검증하고 수집하느냐가 더 중요한 시대이다. 영어를 잘하게 되면 왜곡되고 부정확한 정보의 홍수 속에서 비교적 정확한 정보를 골라낼 수 있게 된다.

한국어와 영어를 모두 구사하는 2개국어 사용자가 되고 나면 한국어로 번역되어 대중에게 전달되는 정보들 중 잘못된 것이 얼마나 많은지를 깨달을 수 있다. 흔한 포털 사이트 블로그 글은 말할 것도 없고 대형 언론사에서도 엉터리 번역으로 독자들에게 잘못된 정보를 전달하는 경우가 너무나 많다. 영어를 하지 못하면 누군가 번역을 잘못했더라도 그 정보에 전적으로 의존해야 하지만, 영어를 할 줄 아는 경우 추가 정보를 영어로 확인해봄으로써 직접 정보의 신빙성을 따져볼 수 있다.

사실 여기까지는 굳이 영어가 아니더라도 모국어 외에 외국어를 하나 정도 구사할 줄 안다면 누릴 수 있는 유익이다. 영어를 구사할 줄 아는 능력이 기타 다른 외국어 구사 능력에 비해 갖는 상대적 이점은 바로 영어의 보편성이다. 원어민, 비원어민을 포함에 전 세계적으로 영어를 구사하는 인구는 15억 명에 달하는 것으로 집계된다. 이는 대략 세계 인구의 20%다. 반면 한국어 구사자는 7천5백만 명으로 집계되는데, 이는 세계 인구의 1%밖에 되지 않는 수치이다. 특정 언어를 구사하는 인구 중 1인이 만들어내는 정보의 양이 모두 동일하다고 가정했을 때, 영어로 정보를 수집하면 한국어로 정보를 수집할 때보다 20배에 가까운 양의 정보를 얻을 수 있다는 말이다. 이 정도면 숨겨져 있던 새로운 세계가 열리는 격이다.

이렇게 더 정확하고 많은 정보를 얻을 수 있다는 사실 하나만으로 영어를 배워야 할 이유는 충분하다고 본다. 그러나 앞서 말한 바와 같이, 개인마다 영어를 배움으로써 누릴 수 있는 유익은 서로 다를 수 있다. 다음을 자문해보는 시간을 가져보자.

"영어를 잘하게 되었을 때, 내가 얻게 될 유익은 무엇인가?"

다음 표에 생각나는 대로 끄적거려보자. 내친김에 그 이점이 내 인생에 갖는 의미는 무엇인지도 적어보자.

내가 영어를 잘하면 얻게 될 유익

1 | _____

⇨ 이와 같은 이점은 나의 인생에 어떤 의미를 갖는가?

....

....

....

2 |
_____

⇨ 이와 같은 이점은 나의 인생에 어떤 의미를 갖는가?

....

....

....

3 |
_____

⇨ 이와 같은 이점은 나의 인생에 어떤 의미를 갖는가?

....

....

....

4 |
_____

⇨ 이와 같은 이점은 나의 인생에 어떤 의미를 갖는가?

....

....

....

5 |
_____

⇨ 이와 같은 이점은 나의 인생에 어떤 의미를 갖는가?

....

....

....

이 작업은 습관을 형성하는 데 생각보다 굉장히 중요하다. 이처럼 특정 행동을 함으로써 얻게 될 유익에 대해서 따져보는 것은 그 행동을 객관화해주고, 동시에 그 행동을 실행에 옮길 필요성에 대해 나 자신을 설득해준다.

대부분의 사람들은 어렸을 때부터 "영어는 그냥 무조건 잘해야 하는 것"이라고 배운다. 그러고는 이에 대해서 조금이라도 의심을 해보거나 곰곰이 생각해보지 않는 경우가 많다. 이 경우 일단 나 자신이 영어를 학습해야 할 필요성에 대해서 온전히 납득하지 못한 것이기 때문에 강력한 동기가 형성되기 어렵다.

부모님과 선생님이 시켜서 등 떠밀리듯 영어 공부를 했던 어제의 나는 잊고, 바로 지금 이 순간 오늘의 나에게 영어가 가져다줄 수 있는 유익을 따져보자. 영어를 잘하게 되었을 때 누리게 될 여러 이점들이 나의 인생을 어떻게 바꿔줄 것인지 생각해보고, 그 이점들이 결여된 지금 나의 인생과 비교해보자.

이 작업을 해보면 사람마다 결과가 판이할 것이다. 어떤 사람들은 유창한 영어 구사 능력이 가져다주는 중요한 혜택들이 너무나 많다는 사실을 깨달을 것이고, 어떤 사람들은 막상 따져보니 영어가 자신의 인생에 가져다줄 유익이 생각보다 적다고 느낄 수 있다.

전자의 경우 자연스레 동기가 형성될 것이니 문제가 없다. 후자가 문제이다. 막상 따져보니 그닥 대단한 유익은 없다고 느껴진다면 어떻게 해야 할까?

극단적으로는 영어 공부를 아예 포기해버리는 방법이 있을 수 있다. 아무리 따져보아도 내 인생에서 영어가 가져다주는 유익이 크지 않다고 판단된다면, 등 떠밀린 듯이 억지로 공부하지 않아도 된다. 영어 말고도 세상에 배울 것은 많고, 영어 공부 말고도 가치 있는 일, 중요한 일은 셀 수 없이 많다. 하지만 적어도 이 책을 집어 들어 읽고 있는 독자라면 영어 구사 능력의 유익이 아예 없다고 생각하진 않을 것 같다. 그럼에도 불구하고 막상 따져보니 생각보다는 유익이 적다는 결론에 도달했다면 그에 맞게 더욱더 쉬운 목표로, 더욱더 짧은 시간을 투자해보기를 권한다.

남은 속일 수 있을지 몰라도 나 자신은 못 속인다. 곰곰이 생각해보고 판단해보니 영어가 내 인생에 줄 수 있는 도움이 생각보다 적다면 그에 맞게 영어 학습 목표를 하향 조정하라. 반대로, 막상 적고 따져보니 영어 학습이 내 인생에 상당한 긍정적 변화를 가져다줄 것이라고 판단되었다면 의지를 다잡고 좀 더 야심찬 목표를 세워보면 된다.

달성이 쉬운
목표 설정

　대부분의 영어 학습자들은 영어를 잘하고 싶기는 하지만 악착같이 치열하게 공부할 여건이 안 되거나 그럴 동기가 부족하다. 그렇다면 영어를 정말 잘하고는 싶은데 지독할 정도로 노력하는 건 부담이 된다면 어떻게 하면 될까?

　생각보다 간단하다. 이런 상황을 해결하는 방법은 두 가지이다. 영어를 잘하고 싶은 욕심을 줄이거나, 영어를 정말 잘하게 될 정도로 치열한 노력을 기울이거나.

　이 두 가지 해결책 중 더 현실성이 있는 해결책은 전자이다. 치열한 공부를 할 마음이 없는 사람은 신변에 중대한 변화가 생기지 않는 이상 갑자기 치열하게 공부를 하게 될 일이 없다. 반면 영어를 정말 잘하고 싶은 욕심을 버리는 일은 상대적으로 쉽다.

　그렇다면 이처럼 영어를 잘하고 싶은 마음을 줄이는 것이 잘못된 것일까? 전혀 아니다. 오히려 많은 사람들이 영어를 완벽하게 하고 싶은 마음을 줄여야 한다. 영어 공부에 성공하는 비법을 알려주는 이 책에서 이런 말을 하니 무슨 말인가 싶을 것이다. 아이러니하게도 대부분의 사람들의 경우, 영어 공부 성공의 첫 단추는 영어를 잘하고 싶은 마음을 줄이는 것이다.

학창 시절에 공부를 정말 잘했던 급우를 떠올려보자. 보통 이런 학생들의 가방은 가볍다. 독서실로 향하는 손에는 책이 한두 권 정도만 들려 있을 뿐이다. 이제 성적 관리에 서툴렀던 급우를 떠올려보자. 다 보지도 못할 책으로 가득 채운 터질 것만 같은 가방을 메고 독서실을 왔다 갔다 하기만 한다.

이 두 학생의 차이는 무엇일까? 공부를 잘하는 학생들은 현실적인 목표 설정을 할 줄 안다. 현실적인 목표는 이행에 큰 부담이 없기 때문에 시작을 하기가 쉽다. 시작이 빠르니 목표 달성 시점도 앞당겨진다. 목표 달성 후에는 또 다른 현실적인 목표를 세우고 이행에 돌입한다.

반면, 공부를 잘하지 못하는 학생들은 목표가 비현실적인 경우가 많다. 실제로 한 챕터를 공부할 때 본인에게 한 시간이 필요하다면 이걸 30분 만에 끝내버릴 수 있다고 믿는다. 하루에 한 과목도 못 끝내면서 5과목씩 공부를 하겠다고 달려든다. 당연히 목표 달성은 되지 않는다. 실패도 반복되면 감흥이 없어지는 법이다. 결국은 '내가 그렇지 뭐' 식의 사고방식에 빠지게 된다. 시험을 망쳐도 '이번 시험도 망했네' 하고 스스로를 공부 못하는 아이로 단정해버리게 된다.

이 두 유형의 학생들은 대부분 지능에는 별다른 차이가 없다. 이 둘을 갈라놓는 것은 현실적인 목표 설정 능력이다.

　다시 당신의 영어 학습 이야기로 돌아와보자. 당신의 영어 학습 목표는 현실적인가? 어릴 때부터 영어를 잘했던 사람들, 평생을 지독하게 영어 공부만 해온 사람들, 해외에서 반평생 이상을 살며 자연스럽게 영어를 체득한 사람들을 모델로 삼고 있지는 않은가? 어차피 실패할 목표를 세우고 못 지키기를 반복하고만 있지는 않은가?

　다시 한 번 말하지만, 모든 사람이 영어를 완벽하게 잘할 필요는 없다. 모든 사람이 직업 가수처럼 노래를 잘할 필요가 없고, 모든 사람이 운동선수처럼 완벽한 신체 조건을 갖춰야 할 필요가 없는 것과 마찬가지이다. 전문가의 영역은 전문가의 영역으로 남겨두어야 한다. 영어 비전문가가 원어민 같은 유창한 영어 구사를 목표로 학습을 시작하면 100% 실패한다. 현실 가능성이 낮은 지나치게 야심찬 목표보다는, 당장 나에게 진정 필요한 영어가 무엇인지 현실적인 시점에서 고민해보아야 한다.

　영어 공부에 성공하고 싶다면 별것 아닌 것 같은 목표를 세워라. 단기간 내에 달성이 쉽고 즉각적으로 보람을 느낄 수 있는 목표여야 한다.

　인간의 뇌는 즉각적인 보상이 없는 일에 흥미를 보이지 않도록 만들어졌다. 영어를 잘하면 인생이 윤택해진다는 것을 모를 사람이 있을까. 우리 모두 이성적으로는 이러한 사실을 잘 알지만, 단기적으로 나에게 돌아오는 유익이 없기 때문에 생물학적으로 몸이 거부를 하는 것이다.

　장기적인 보상은 우리를 움직이기에 충분히 강력한 동인이 되지 못한다는 사실은 복권 당첨자들의 행동 패턴에서도 확인해볼 수 있다. 미국의 유명 복권 게임인 메가 밀리언Mega Millions 복권은 당첨 확률이 워낙 낮아 당첨자가 안 나오고 당첨 금액이 이월되는 경우가 잦다. 그만큼 한번 당첨이 되면 천문학적인 금액을 수령하게 된다.

당첨자는 당첨금을 한 번에 현금으로 수령하거나 연금처럼 매년 나누어서 받는 두 가지 방식 가운데 하나로 지급받게 된다. 단, 한 번에 현금으로 수령하면 실제 수령액은 절반가량으로 적어진다. 제3자의 입장에서 냉철하고 이성적으로 보면 연금식으로 지급받는 것이 더 이득임이 너무나 분명하게 보이지만, 실제 당첨자들은 한 번에 현금으로 지급받는 경우가 대부분이다.

2018년 11월 메가 밀리언 복권 1등 당첨자를 기준으로 보았을 때, 당첨금을 30년에 걸쳐 연금식으로 수령할 경우 받을 수 있는 돈은 자그마치 2조 원이었다. 하지만 당첨금을 한 번에 현금으로 받으면 그 절반인 1조 원 정도만 수령할 수 있었다. 1조 원이라는 감조차 오지 않을 정도의 큰돈을 당장의 즉각적인 유익을 위해 바닥에 내동댕이친다는 것이 상상이 안 가지만, 실제로 이런 비이성적인 선택을 하는 사람들이 대부분이라는 것이다. 30년간 수령을 나누어서 할 경우 물가 인상으로 인해 당첨금의 가치가 상대적으로 떨어질 수는 있으나 이것이 1조 원을 포기할 만한 합리적인 이유가 될 수는 없다. 매번 돈을 지급받아 은행에 예치해두기만 해도 누적 이자가 상당할 것이다. 대부분의 자산관리 전문가들 역시 복권 당첨금은 무조건 나누어서 받는 것이 현명하다고 입을 모아 조언한다.

당장의 유익을 위해 1조 원도 포기해버리는 게 인간의 뇌라고 한다면, 당장의 유익으로 이어지지 않는 영어 학습법으로 우리의 뇌를 과연 설득할 수 있을까?

영어 공부를 새롭게 시작할 땐 누구나 열정이 넘친다. 대부분의 학습자들은 지나친 열정 탓에 비현실적이고 단기간 내에 달성이 어려운 목표를 세우곤 한다. 달성이 어려운 목표를 세웠으니 자연히 결과도 없다. 결과가 없다는 것은 가시적인 유익이 없다는 것을 의미하고, 우리의 뇌는 가시적 유익이 없는 활동을 적극적으로 거부한다. 이렇게 과도한 목표를 세운 학습자들은 뇌의 강한 저항에 못 이겨 아스팔트 위에 스키드 마크를 남기며 헛도는 타이어처럼 반짝 열의를 불태운 뒤 이내 멈추어버리고 만다.

시간이 없는 워킹맘, 직장인이라면 욕심을 버리자. 한 일주일 하다가 지쳐서 그만둘 학습 목표라면 세우지 않는 게 낫다. 매일 해도 큰 부담이 안 될 정도로 가벼운 목표부터 시작하자. 5분도 좋고, 10분도 좋다. 단, 이렇게 한번 정한 학습 시간은 하늘이 두 쪽이 나도 지켜야 한다. 아이가 아파도, 장례식 조문을 다녀온 뒤에도, 외식에서 와인을 한잔하고 들어와 눈이 스르륵 감기려고 해도 무조건 지킬 수 있는 시간과 학습량이어야 한다.

부담이 안 되는 가벼운 목표부터 시작하면 작은 목표 달성이 가져다주는 보람을 원동력으로 조금씩 더 긴 시간을 영어 공부에 투자하게 될 것이다. 이런 선순환이 반복되면서 영어 학습에 대한 욕심은 더 커질 것이고 결국은 가시적인 영어 실력의 변화로 이어질 만한 학습량을 확보할 수 있게 될 것이다.

다음 표를 완성하여 본인에게 맞는 현실적인 목표 학습 시간을 정해보자.

나에게 맞는 학습 시간은?

1 | 하루 중 일과 가사에 써야 하는 시간을 제외하고 온전히 나에게 쓸 수 있는 시간은 몇 시간인가?
(요일별로 몇 시부터 몇 시까지인지 구체적으로 적어보자.)

월	화	수	목	금	토	일
시부터	시부터	시부터	시부터	시부터	시부터	시부터
시까지	시까지	시까지	시까지	시까지	시까지	시까지
시간	시간	시간	시간	시간	시간	시간

2 | 이 중 생산적인 활동(운동, 자기계발 등)에 쓰는 시간은 하루 평균 몇 시간인가?

시간 : (   ) 시간
활동 내용 : ....

....

3 | 이 중 그 자체가 생산적이지는 않지만 나의 정신건강 및 심신의 피로 회복에 도움이 되는 활동에 쓰는 시간은 하루 평균 몇 시간인가?

시간 : (   ) 시간
활동 내용 : ....

....

4 | 3번에 기입한 시간 중 나의 정신건강 및 심신의 피로 회복에 영향을 주지 않는 선에서 학습을 위해 포기할 수 있는 시간이 얼마라고 생각하는가?

시간 : (   ) 시간

5 | 4번에 기입한 시간은 시험 기간/경조사/여행/출장 등 변칙적인 일정이 있어도 늘 영어 학습에 쓸 수 있을 만큼 부담이 없는 시간인가?
('네'라고 답한 경우 4번에 적은 시간이 본인이 목표로 삼아야 하는 학습 시간. '아니오'라고 답한 경우 6번으로.)

☐ 네   ☐ 아니오

6 | 그렇다면 어느 정도 시간이어야 변칙적인 일정이 있을 때에도 예외 없이 영어 학습에 쓸 수 있을 것이라고 생각하는가? (5번에 '아니오'라고 답한 경우 6번에 적은 시간이 본인이 목표로 삼아야 하는 학습 시간.)

시간 : (   ) 시간

단계별 구체적
목표 확립

영어 구사 능력을 개선해서 자신이 얻을 수 있는 유익에 대해 충분히 이해했다면 이제 최대한 구체적인 목표를 확립해야 하는 단계이다.

스스로에게 물어보자, '나는 어떤 영어를 잘하고 싶은가?' '목표 달성까지 얼마나 걸리기를 원하는가?' '목표 달성을 위해 필요한 노력은 어느 정도인가?' 이 질문들에 대한 답을 내렸다면 단계별로 최대한 구체적인 목표를 정리하자. 이때 자신이 쉽게 달성할 수 있는 목표를 설정해야 함을 잊지 말라. 예를 들어보자면 "휴가지에서 음식을 주문할 때 필요한 영어를 말로 할 수 있도록 두 달에 걸쳐 매일 5분씩 학습한다"와 같은 목표를 세워볼 수 있다. 이런 목표를 세웠다면 다음과 같은 학습 계획표를 만들어볼 수 있겠다.

〈영어 학습 계획표〉

영어 학습 최종 목표: 휴가지에서 음식을 주문할 때 필요한 영어를 말로 할 수 있도록 두 달에 걸쳐 매일 5분씩 학습하기

1주차 목표	휴가지에서 음식 주문 시 필요한 말을 먼저 한국어로 매일 5문장씩 모아보자! (영어가 아니라 한국어이니 부담이 없어 일단 시작하는 데에 도움이 될 것 같다.)
2주차 목표	준비된 한국어 문장 속 단어를 매일 15~20개씩 사전에서 찾아 영어로 바꿔보자!
3주차 목표	미리 영어로 바꿔놓은 단어들을 엮어 문장 만들어보기 (5분 안에 만들 수 있는 만큼만 매일 만들어보자.)
4주차 목표	미리 영어로 바꿔놓은 단어들을 엮어 문장 만들어보기 (5분 안에 만들 수 있는 만큼만 매일 만들어보자.)
5주차 목표	미리 영어로 바꿔놓은 단어들을 엮어 문장 만들어보기 (5분 안에 만들 수 있는 만큼만 매일 만들어보자.)
6주차 목표	너무 어려워서 영작에 실패한 문장 작성을 위해 알아야 할 문법 규칙을 공부해보자! 인터넷 검색으로 이미 완성된 문장들을 참고해보자. (미리 어려운 문장 표시하고 알아야 할 규칙들을 정리해 두었다가 1일 기준 소화해야 하는 학습량을 설정해야 함)
7주차 목표	준비된 영어 문장들을 매일 5문장씩 5분간 소리내어 읽기
8주차 목표	해당 영어 문장들을 하루 5문장씩 통으로 암기하기

이렇게 얼마 동안의 기간에 걸쳐 구체적으로 무엇을 할지에 관한 단계별 목표를 를 세워놓지 않으면 첫째, 학습의 방향이 정해지지 않아 두서없는 학습을 하게 될 가능성이 높다. 예를 들어 '음식 주문 시 필요한 영어 학습'이라는 다소 애매모호한 목표를 두고 학습을 시작한다고 가정해보자. 이 경우 음식 주문 시 필요한 영어를 가지고 구체적으로 어떤 학습을 할 것인지가 정해지지 않았다. 관련 표현을 익힐 것인가, 말하기 연습을 할 것인가? 아니면 주문을 할 때 자주 쓰이는 영어 문장을 가지고 문법 학습을 할 것인가? 이런 세부적인 학습 목표가 없기 때문에 이것저것 마구잡이식으로 건드려보다가 결과 없이 흐지부지될 소지가 다분하다. 둘째, 이처럼 단계별 목표가 아닌 애매한 최종 목표만 세우는 경우 최종 목표 달성까지 성취의 경험을 전혀 하지 못하게 된다. 습관 형성에서 작은 성취의 경험은 매우 중요하다. 두 달이라는 시간이 지날 때까지 있을지 없을지도 모르는 결과만 보고 꾸준히 습관을 형성해나가는 일은 생각보다 매우 어렵다. 성취감이라는 원동력이 제공되지 않으면 금세 지쳐버리게 되는 것이다. 이렇게 되면 바쁘다는 핑계로 학습을 조금씩 미루기 시작하다가 얼마 못 가 영어 공부 자체를 아예 그만두게 될 가능성이 높다.

이제 다음 표를 사용해 당장 추진할 수 있는 쉽고 구체적인 학습 목표 후보들을 적어보자.

단계별 구체적 목표 수립

1 | 나에게 필요한 영어는?

....

....

....

2 | 이러한 영어 실력을 갖추는 데에 도움이 될 수 있는 학습 활동 세 가지를
최대한 구체적으로 적어보자.

(1) ....

(2) ....

(3) ....

3 | 위에 적은 학습 활동을 부담 없는 주차별 세부 학습 활동으로 나누어보자.

(1) _____

[1주차] ....

[2주차] ....

[3주차] ....

[4주차] ....

[5주차] ....

[6주차] ....

[7주차] ....

[8주차] ....

(2)

[9주차]

[10주차]

[11주차]

[12주차]

[13주차]

[14주차]

[15주차]

[16주차]

(3)

[17주차]

[18주차]

[19주차]

[20주차]

[21주차]

[22주차]

[23주차]

[24주차]

표에 정리한 주차별 학습 활동을 핸드폰의 일정 앱이나 플래너에 지금 바로 기입하자. 그런데 24주(6개월) 치를 한꺼번에 다 적으려면 그것만 해도 족히 10~20분이 소요될 것이다. 그럼 귀찮아서 하기가 싫어진다. 목표 수립, 이행 준비, 실제 이행, 이 모든 단계에서 처음부터 귀찮게 느껴지거나 부담스럽게 느껴지는 요소가 있어선 안 된다. 그러므로 24주 치 학습 활동 목표를 한꺼번에 적는 대신, 먼저 8주(2개월) 단위로 꼼꼼히 기입한 뒤 그걸 모두 이행했으면 그다음 8주간의 목표를 기입하는 것이 좋다.

즐거운
학습법

　달성이 쉽고 동시에 구체적인 단계별 목표가 확립되었다면 이제 구체적인 학습법을 정해야 할 때이다. 학습 방법을 정할 때 가장 중요한 키워드는 '즐거움'이다. '공부를 하는데 즐거움이라니?' 하고 의문을 제기할 사람이 있을지도 모르겠다. 그렇다. 사실 정도의 차이가 있을 뿐 대부분의 사람들은 공부를 할 때 즐거움보다는 괴로움, 지루함을 더 많이 느낄 것이다.

　영어 학습 자체에서 즐거움을 느끼지 못하는 경우라면 내가 좋아하는 것과 영어 학습을 접목할 방법을 찾아야 한다. 예를 들어 자전거를 타는 게 취미면 외국인들이 나가는 자전거 동호회에 나가보는 것이다. 좋아하는 자전거도 타고 외국인들과 교류하면서 언어뿐만 아니라 외국 문화에 대한 지식도 쌓을 수 있다.

　운동을 좋아한다면 외국인들을 위한 운동 시설을 찾아보자. 이태원

등지에 외국인들을 위한 주짓수 체육관, 헬스장, 복싱장 등 다국적 고객을 대상으로 하는 다양한 체육 시설들이 있다. 새로운 사람을 만나는 것을 좋아하는 성격이라면 영어 스터디 모임이나 언어교환 모임에 나가보는 것도 좋다. 언어를 공부한다는 공통의 관심사를 가진 사람들과 모여 함께 공부를 하다보면 혼자 골방에 박혀 영어 공부를 할 때보다 훨씬 더 즐겁게 할 수 있을 것이다. 또 이렇게 맺어진 인연이 훗날 든든한 인맥이 되어줄지도 모르는 일이다.

드라마나 영화를 좋아하는 사람은 영어권 국가의 드라마나 영화로 공부를 시작하되, 주제와 난이도를 잘 설정해야 한다. 우리가 살면서 마법사 학교에 갈 일은 없다. 우주를 구하기 위해 영웅들을 소집해 악당에 맞서 싸울 일도 없다. 이런 현실성 떨어지는 드라마나 영화를 보며 공부를 하겠다는 것은 공부를 빙자한 취미 생활이다. 최대한 생활밀착형 드라마나 영화를 골라라. 그리고 내가 해야 하는 것은 드라마와 영화 '감상'이 아니라 영어 '공부'라는 점을 잊지 말고 반드시 스크립트를 구해서 내용을 학습하라.

다음 페이지의 간단한 표를 작성해 내게 맞는 즐거운 영어 학습법을 모색해보자.

내게 맞는 즐거운 영어 학습법은?

1 | 나에게 여가 시간이 주어진다면 하고 싶은 일을 세 가지만 자유롭게 써보자.

(a) ....

(b) ....

(c) ....

2 | 이 중 영어 학습과 접점을 만들 수 있는 일은 무엇인가?

....

....

....

....

....

....

숨쉴틈
마련

　너무 뻔한 말이시만, 사람은 휴식이 필요하다. 하루를 열심히 살았으면 밤에는 잠을 자야 하고, 한 해 동안 열심히 달려왔으면 한 번쯤은 휴가도 다녀와야 한다. 무조건 힘들어도 참고 이를 악물며 버티기만 하다간 탈이 나기 십상이다.

　이는 경험에서 우러나오는 말이다. 통역 강사 일을 시작하고 2년여 동안 밤에 1시간, 낮에 1시간 정도를 자며 버텼다. 퇴근길에 커피숍에서 가장 큰 사이즈의 커피에 여러 샷을 추가해서 주문해 마시는 게 일상이 되었고, 부족한 수면 탓에 앉기만 하면 꾸벅꾸벅 졸기 일쑤였다. 당시 머리를 2주에 한 번 정도 잘랐는데, 머리를 자르러 가면 매번 꾸벅꾸벅 졸아대서 미용사분이 나중엔 그러려니 하고 알아서 머리를 잘라줄 정도였다. 그렇게 주말도 휴일도 없이 일에 미쳐 2년 넘게 살았더니 번아웃 증후군Burnout syndrome이 찾아왔다. 당시 나는 지치고 힘든 마음을 그저 꾹꾹 눌러 담아 참기 바빴고 이게 반복되다보니 마음의 병이 생겼던 것이다.

'아무도 모르게 그냥 어디론가 도망가고 싶다.'

'내일 아침이 밝는 게 두렵다.'

이런 생각들을 자주 했다. 나름 정신력이 강하다고 자부했는데 그 강한 정신력도 계속 몰아치기만 하니 바닥을 드러낸 것이다. 이런 힘든 시기를 겪고 난 뒤로는 일의 양을 조절하기 위해 나름의 규칙을 정하게 되었다. 그 규칙은 바로 일요일 오전은 무슨 일이 있어도 가족과 보낸다는 것. 할 일이 태산이어도, 지금 가족과 나들이를 다녀오면 일이 밀리고 문제가 생기더라도 무조건 그 시간은 가족들을 위한 시간으로 남겨두기로 했다. 그 시간에 차라리 조금이라도 쉬라며 아내는 만류했지만, 가족들과 시간을 보내는 게 나에게는 휴식이고 숨 쉴 틈이었다.

나의 이야기는 상당히 극단적이지만, 누구에게나 이런 숨 쉴 틈은 필요하다. 영어 학습자들도 마찬가지이다. 규칙적인 학습은 습관 형성에 매우 중요하지만 무슨 일이든지 추진할 때 조금이나마 운신의 폭이 마련되지 않으면 지쳐서 나가떨어질 수 있다.

영어 학습자들은 그럼 어떤 식의 숨쉴 틈을 마련할 수 있을까? 간단하다. 달력에서 일주일에 5일은 평일, 2일은 휴일로 정해놓듯이, 학습에도 휴일을 따로 정해놓으면 된다. 예를 들어 '내 생일날, 친한 사람들 생일날에는 공부를 쉬자'라든지, '매달 짝수 주 주말은 공부 내려놓고 놀자'라든지. 이렇게 하면 이날들을 기다리며 힘든 공부를 이어나갈 힘이 생길 것이다.

일주일 중 주말이 없어지고 '월화수목금금금'이라면 사람들은 미쳐버릴 것이다. '불금'이라는 말이 왜 있겠는가. 사람들이 금요일 저녁만을 기다리며 일주일을 버티다가 금요일 밤을 불태우니 생긴 말이 아닌가. 토요일, 일요일이라는 숨 쉴 틈이 있기 때문에 이날만을 바라보며 일주일을 버틸 힘이 생기는 것이다.

이처럼 사람은 휴식이 언제 주어질지를 예측할 수 있을 때 더 끈기가 생긴다. 따라서 규칙적으로 쉬는 학습 휴일을 정해놓고 예외 없이 지켜야 한다. 그래야 '일주일만 더 참자', '이번 달만 잘 버티자'와 같은 생각을 하면서 인내심을 잃지 않을 수 있는 것이다.

무조건 스스로를 몰아세우는 것이 능사가 아니다. 미리 숨 쉴 틈을 마련할 방법을 강구하자. 집중해서 해야 할 땐 열심히 몰아치며 해보고, 간간이 주어지는 달콤한 휴식은 휴식대로 만끽해보자.

금전적
투자

영어를 잘하고 싶다고 하는 학습자들 중 다수는 영어 공부에 최대한 돈을 쓰지 않으려고 한다. 공짜 강의, 공짜 영어 팁 영상을 찾아다니고 최대한 저렴한 서비스들을 기웃거린다. 이유를 물으면 보통 주머니 사정이 빠듯해서 영어 공부에까지 큰돈을 쓰기가 부담이 된다고 말한다.

하지만 이 말은 사실이 아니다. 이들은 매일 커피 체인점에서 5천 원 하는 커피를 아무렇지도 않게 사 마신다. 그런데 한 달에 1~2만 원 하는 영어 공부 앱 및 서비스가 있다고 하면 손사래를 친다. 일주일에 수십, 수백만 원을 써야 하는 해외여행에는 과감하게 돈을 지불하면서도 영어 강의 서비스 1년 회원권이 수십만 원이라고 하면 고개를 절레절레한다.

요즘 직장인들은 회사에서 영어학원비를 지원받는 경우가 많다. 그럼 지원금 덕분에 돈 걱정을 하지 않게 된 학생들은 열심히 영어 공부를 할까? 그 반대다. 오히려 이렇게 학원에 온 분들은 더 공부를 안 한다. 실제로 내 수업에 등록한 뒤 이런저런 핑계로 수업에 빠져놓고는 뒤늦게 전화나 메신저로, 출석을 인정해달라, 그래야 지원금이 나온다며 서류 위조를 부탁하는 황당한 수강생도 있었다. 정말로 돈이 부족한 것이 문제라면, 이런 현상을 설명할 수가 없다.

결국 돈이 없는 게 문제인 것이 아니라, 잃을 게 없다는 심리, 바로 이게 문제인 것이다. 투자한 게 없기 때문에 잃을 게 없다. 영어를 잘할 수 있게 되면 좋지만 설령 그렇지 않다고 해도 일상생활에 큰 지장이 생기는 게 아니다. 그러니 자연히 열과 성을 다하지 않게 된다.

헬스장 회원권을 생각해보자. 여러 헬스장들이 '3개월에 9만 원'과 같은 파격적인 회원권 가격을 내세운다. 비싼 임대료를 내고 이런 돈을 받아서 어떻게 운영이 가능한지 의아할 정도이다. 이런 헬스장들의 운영 비결은 간단하다. 싼 값에 회원권을 구매한 사람들은 한두 달 얼굴을 내비치고는 더 이상 운동을 하러 오지 않는다. 한두 달만 다녀도 이미 본전을 뽑았기 때문에 그 이후로 나오지 않아도 잃을 게 없다는 생각을 하게 되는 것이다. 이렇게 겉도는 회원들을 고려해서 가격을 책정하기 때문에 믿기 어려울 정도로 싼 가격에 회원권을 팔 수 있는 것이다. 여기에 더해 의지가 강해 계속 운동을 하러 오는 사람들에게는 PT를 집요하게 권하여 추가 매출을 올리면 수지타산을 맞출 수 있다.

그럼 연예인들이 다닌다는 헬스장에서 수백만 원짜리 PT를 받는 상황을 가정해보자. 수백만 원을 쓴 상황에서 헬스장 방문을 밥 먹듯이 거를 사람은 많지 않다. 아무리 몸이 지쳐도 악착같이 가서 내가 낸 돈의 대가를 받아내려고 할 것이다.

이러한 사람의 심리를 영어 학습에 적용해보자. 회사 또는 부모님이 대신 내주는 돈이 아닌, 내가 벌고 내가 모은 돈을 영어 공부에 써보자. 수백만 원처럼 큰돈이 아니어도 좋다. 나의 재정 상태에 크게 부담이 되지 않을 정도의 돈이면 된다.

이와 같은 돈의 액수는 개인차가 클 것이다. 어느 정도를 써야 할지 도통 감이 잡히지 않는 독자들을 위해 대략적인 금액 계산법을 제시해보자면 다음과 같다. 한 달 동안 나에게 없어도 아쉬울 게 없는 금액을 떠올려보라. 그리고 그 금액의 두 배를 영어에 투자하라. 이 정도를 쓰면 돈이 아까워서라도 영어 공부를 악착같이 할 것이다. 예를 들어 내가 한 달에 있어도 그만 없어도 그만인 돈이 10만 원이라고 하면, 한 달에 20만 원을 영어 공부에 투자하는 것이다.

이 정도 돈을 쓰면 이제 비로소 잃을 게 생긴다. 잃을 것이 생기면 살면서 이런저런 일이 생겨도 강한 동기를 유지할 수 있다. 돈을 써라. 영어는 돈을 써서 배울 가치가 충분하다.

습관 형성
과정 기록

　'금적전인 투자'는 물질적인 영역이다. 물질적인 동인 역시 중요하지만 그보다 더 강력한 동인은 바로 '정신적인 동인'이다.

　습관을 형성할 때 정신적인 동인을 활용하는 법을 설명하기 위해 잠시 최신형 스마트폰 이야기를 해보겠다. 요즘은 해마다 신기술을 탑재한 고성능 스마트폰이 출시된다. 스마트폰 제조사 간 치열한 경쟁이 계속되면서 기술도 점점 더 고급화되었다. 이는 자연스레 스마트폰 가격 상승으로 이어졌고, 이제는 스마트폰 한 대 가격이 최신형 컴퓨터 한 대 가격과 맞먹는 시대가 되었다. 그러다보니 소비자들은 최신형 스마트폰을 구입하려면 큰 결심을 해야 한다. 아무리 새로운 것이 좋다지만 가격이 워낙 비싸졌으니 말이다. 이렇게 고심 끝에 구매한 최신형 스마트폰을 막 다루는 사람은 거의 없을 것이다. 아무리 돈이 많아도 갓 구매한 핸드폰을 여기저기 아무렇게나 집어던지지는 않는다. 돈을 떠나서 말끔하고 깨끗한 그 상태를 망치고 싶지 않은 것이다.

스마트폰을 써본 모든 사람이 공감하겠지만 이런 조심성은 오래가지 못한다. 스마트폰을 손에 묶어놓지 않는 이상 언젠가는 바닥에 떨어뜨리는 날이 온다. 이렇게 액정과 외부 케이스에 흠집이 하나둘 늘어나게 되고, 결국은 스마트폰을 아무렇게나 툭 던지는 일도 잦아진다. 이러한 사실이 영어 학습에 갖는 함의는 무엇일까?

내가 운동 습관을 키울 때 사용한 앱은 내가 운동을 한 날, 하지 않은 날을 달력에 표시해 한눈에 볼 수 있게 해주었다. 그리고 하루도 빠짐없이 연달아서 운동을 한 기록을 세어서 나에게 '○○일 연속 운동을 빠뜨리지 않고 하고 있다'고 알려줬다.

이처럼 빠뜨리지 않고 운동을 한 기록이 가시적으로 남아 있는 상황은 스마트폰을 갓 구입한 상황에 비유될 수 있다. 두 상황 모두 투자가 발생한 상황이다. 또 그에 대한 대가로 얻은 것이 현재 아무런 문제도 없이 온전한 상태이다.

이런 기록을 직접 눈으로 보면 새로 산 스마트폰에 흠집이 생기지 않게 애쓰는 사람처럼 그 기록이 깨지지 않도록 애를 쓰게 된다. 공들여 쌓아놓은 기록을 순간의 유혹에 흔들려 깨뜨리기가 싫은 것이다. 이게 바로 정신적인 동인이다.

운동도 영어 공부도 한두 달은 누구나 열심히 한다. 그래서 이 처음 한두 달이 매우 중요하다. 이 시기의 학습 기록을 가시적으로 반드시 남겨두어야 한다. 그렇게 하면 처음 학습을 시작했을 때의 강한 동기가 오래 지속될 수 있고 결국 학습을 하는 것이 장기적인 습관으로 자리를 잡게 되는 것이다.

여기에서 한 가지 유의할 점이 있다. 학습자들 중 이렇게 기록을 남기라고 하면 또 새로운 노트를 사다가 예쁜 글씨로 날짜, 학습한 내용 등을 정갈하게 정리하려고 하는 사람들이 있다. 기록을 남길 때는 이렇게 하면 안 된다. 기록을 하는 것이 또 다른 일이 되어버리기 때문이다. 다시 한 번 강조하지만, 목표의 수립, 이행 준비, 실제 이행, 이 모든 단계에서 처음부터 귀찮게 느껴지거나 부담스럽게 느껴지는 요소가 있어선 안 된다. 규칙적으로 공부를 하는 것도 번거로운데 거기에 기록을 하는 것까지 번거로운 일이 되어서는 안 된다.

이미 쓰고 있던 수첩이나 플래너의 날짜가 적힌 부분에 아무렇게나 'O/X' 표시만 하라. 구체적으로 정해놓은 학습 목표만큼 학습을 한 날은 'O', 목표치만큼 학습을 못한 날은 'X' 이렇게만 표시하면 된다. 그리고 첫 한 달 또는 두 달 동안 달력에 'O' 표시가 빼곡하게 쌓여갈 수 있도록 관리해보자. 이런 기록이 한두 달만 쌓여도 영어를 공부하는 습관 만들기에 반은 성공했다고 보면 된다.

물론 시간이 상당히 흐르면서 스마트폰에 흠집이 생기듯 달력에 'X' 표시도 조금씩 늘어날 수 있다. 하지만 너무 걱정할 필요는 없다. 그 정도 시간이 흐르면 이미 '나는 규칙적으로 영어를 학습하는 사람'이라는 자각이 생겨 다시 그 'X' 표시를 줄이기 위해 의지를 다잡게 될 것이다.

개선점
확인

앞서 언급했듯 영어 학습은 투자이다. 그런데 모든 투자가 그러하듯 투자를 한 게 있으면 그에 상응하는 수익이 나와줘야 투자심리가 꺾이지 않을 수 있다.

운동의 경우에는 느리지만 꾸준히 신체상의 변화가 나타난다. 통통했던 아랫배, 옆구리, 팔뚝, 허벅지살이 조금씩 사라지고 탄탄한 근육이 자리를 잡는 모습을 보면 운동 욕구가 더 샘솟게 된다. 하지만 영어는 운동과는 달리 개선점이 눈으로 보이는 게 아니다. 그래서 나의 영어 실력 변화를 눈과 귀로 확인할 수 있는 자료를 남겨두는 것이 중요하다. 이는 학습 실천 여부를 'O/X'로 기록하는 것과는 별개로, 미리 정해놓은 학습 목표에 따라 매일 자신의 영어 실력의 흔적을 남기는 작업이다. 예를 들어 영어 에세이 실력을 개선하고 싶다면 매일 짧게 한 단락이라도 써서 흔적을 남겨라. 매일 한 단락씩 써놓은 에세이를 한 달 뒤에 다시 들여다보고 고칠 것이 없는지 확인하라. 같은 자료를 6개월 뒤에 다시 한 번 들여다보고 고칠 수 있는 점들을 추가로 찾아보아라. 꾸준히 열심히 에세이 연습을 해왔다면 시간이 지나면서 보이는 것들이 더 늘어날 것이다.

영어 말하기 능력을 기르고 싶은 학습자는 특정 주제에 대해 자유롭게 말하면서 음성 녹음을 하거나 영상 촬영을 해보기를 권한다. 이때 주의할 점은 녹음한 음성 파일명을 그때그때 정리해두어야 한다는 것이다. 매일 음성 파일을 생성하는 경우, 오랜 시간 파일이 쌓이면 파일 간 구분이 어려워진다.

'0222-01-4281-yeoksamdong.mp3…가 뭐였더라?'

이렇게 언제, 왜 녹음한 것인지 알 수 없는 녹음 파일들이 쌓이게 되면, 특정 일자에 연습한 내용을 다시 틀어서 들어보고 싶어도 찾을 수가 없게 된다. 이렇게 되면 영어 실력 개선 여부를 확인하고자 기록을 남긴 의미 자체가 없어지게 되는 것이다. 따라서 녹음을 한 직후에 파일명을 날짜와 주제에 대한 간단한 설명으로 바꾸어두는 것이 좋다. 예를 들어 2월 22일에 외국에서 음식을 시키는 연습을 하고 있었다면 "0222-음식주문연습-1주-1일.mp3"처럼 파일명을 정리해두는 것이다.

영상 촬영을 하는 경우에는 말을 할 때 사용하는 보디랭귀지나 표정, 제스처도 함께 기록이 된다는 점은 좋지만, 간단히 핸드폰으로 찍는다고 해도 음성 파일에 비하여 파일 크기가 훨씬 더 커진다. 따라서 장기적으로는 파일 관리가 부담이 될 수 있다. 이런 경우 영상을 유튜브나 기타 영상 공유 사이트에 올려보길 권한다. 이렇게 하면 업로드 후 파일을 삭제해도 인터넷이 연결되어 있는 한 언제 어디서든 나의 말하기 실력의 변화를 한눈에 확인해볼 수 있다. 혹시라도 남들이 내 부족한 영어 연습 영상을 보게 될까 걱정할 필요는 없다. 유튜브 등 대다수의 영상 공유 사이트들은 내가 올린 영상들을 나만 볼 수 있게 '비공개'로 설정하는 기능이 있으니 그 기능을 사용하면 된다.

독해 실력을 늘리고 싶은 학습자는 내가 알고 싶은 내용에 관한 책이나 기사를 선정해서 하루에 현실적으로 소화할 수 있는 양만큼만 한국어로 옮겨 적어보자. 다음 날에는 다음 부분을 한국어로 옮겨보고 전날 옮겨놓은 한국어 해석본에 어색한 한국말은 없는지 확인하여 오류가 발견되면 수정한다. 이 과정을 반복하여 해당 서적이나 기사를 모두 커버했다면 다시 처음으로 돌아가서 같은 작업을 한 번 더 해보자. 그리고 처음 적은 해석본, 고친 해석본, 두 번째 다시 들여다볼 때 적어본 해석본을 서로 비교해보자. 열심히 한 만큼 그 차이가 느껴질 것이다.

청해력을 개선하고 싶은 학습자는 영어 듣기평가 문제를 매번 새롭게 풀어서 나온 점수로 자신의 듣기 실력 변화를 확인해보기를 권한다. 이때 중요한 것은 매번 새로운 문제를 푸는 것이다. 한번 들은 내용은 같은 내용을 글로 읽었을 때보다 더 강하게 뇌리에 각인된다. 따라서 오랜 시간이 지나도 이미 들었던 것을 한 번 더 듣게 되면 예전에 들었던 기억이 불현듯 되살아나서 정확한 듣기 실력 측정이 어려워진다. 기억나는 내용을 바탕에 깔아두고 듣게 되기 때문에 더 잘 들릴 수밖에 없고, 실질적인 듣기 능력 향상이 일어나지 않았어도 실력이 좋아진 것 같은 착각을 하게 될 수 있다. 바로 이 때문에 일정한 난이도로 출제되는 영어 듣기평가 문제를 매번 새롭게 풀어보는 것이 청해력 개선 여부를 확인해보기에 가장 좋은 방법인 것이다. 이때 현재 자신의 영어 실력에 따라 선택해야 하는 영어 듣기평가 시험도 달라진다. 공인영어시험을 치러본 적이 없거나 토익 500점(토플 57점) 미만의 영어 초보 학습자는 중학교 또는 고등학교 영어 듣기평가 모의고사를, 토익 500점 이상 700점 미만(토플 57점 이상, 80점 미만)의 중급 학습자는 토익 듣기 모의고사를, 그 이상 고급 학습자는 토플이나 텝스 듣기 모의고사를 사용하길 권한다. 나머지는 다른 학습 영역들과 마찬가지로 월별, 분기별 점수 변화를 기입하여 변화 추이를 기록, 체크하면 된다.

영어 공부를 해도 해도 느는 것인지 퇴보하는 것인지 감이 잡히지 않는 경우에는 학습자가 학습을 쉽게 포기하게 된다. 지금까지 예로 든 방법들을 활용하여 주기적으로 나의 영어 실력의 개선 사항들을 확인하자. 이렇게 함으로써 장기간에 걸쳐 학습 의욕을 유지할 수 있다.

자신을
구속하기

　동인 모색, 달성이 쉬운 목표 설정, 구체적 목표 확립, 즐거운 학습법 채택, 금전적 투자, 습관 형성 과정 기록, 개선점 확인. 이 정도로 치밀하게 습관 형성을 위한 장치들을 마련해두면 영어 공부를 게을리하고 싶어도 게을리할 수가 없을 것이라 생각하고 있을 독자들에게 고한다.

"미안하지만 그래도 게을러질 수 있다."

　영어 공부처럼 즉각적인 유익이 없는 일에서 인간은 놀라울 정도로 게으름을 피운다. 이렇게 게으름을 피우고 싶은 마음이 고개를 들지 못하도록 하려면 나 자신을 구속하는 장치를 마련해야 한다. 영어 공부가 귀찮게 느껴질 때도 어쩔 수 없이 영어 공부를 해야 하는 상황을 만들어야 한다는 말이다.

자신을 구속하는 방법 중 하나는 바로 함께 학습을 할 사람을 찾는 것이다.

고등학교 때 복싱을 배우던 시절, 추운 겨울이 되면 복싱장에 가는 게 너무나 싫었다. 그때 나와 함께 복싱을 배우던 친구가 있었는데 내가 운동을 쉬고 싶어 하면 억지로 운동을 나오도록 압박을 줬다. 반대로 이 친구가 운동을 쉬고 싶어 하는 날에는 내가 억지로 복싱장으로 불러냈다. 이렇게 서로 게을러지지 않도록 돕는 상황을 만들었더니 일종의 구속력이 생겼다. '복싱장은 아무리 귀찮아도 내 친구를 위해서라도 꼭 가야 한다'는 생각이 자리 잡자 서로 빠지지 않고 열심히 운동을 하게 되었다.

자기 자신에게 관대해지고 게을러져도 피해를 보는 게 나 혼자일 경우 우리는 더욱더 게을러진다. 하지만 내가 게으름을 피움으로써 남에게 피해가 간다면 우린 좀 더 부지런을 떨게 된다. 그러므로 영어 학습을 할 때는 누군가와 함께 하는 것이 좋다. 그 대상은 다른 학습자여도 괜찮고 수업을 제공하는 선생이어도 좋다.

다른 학습자와 함께 공부하여 구속력을 갖추고자 할 때는 절친한 친구보다는 영어 학습이라는 목표를 가진 낯선 학습자들과 함께 하는 것이 바람직하다. 절친한 친구의 경우 학습을 하러 모이자마자 수다 삼매경으로 빠지게 될 가능성이 높기 때문이다. 또한 일대일보다는 3명 이상 스터디 그룹을 짜서 공부를 하는 것이 장기적으로 유지하기 좋다. 이런저런 사정으로 상대방이 스터디를 그만두게 되면 나도 덩달아 공부하는 습관이 깨져버릴 수 있기 때문이다.

만일 너무 바빠서 남과 시간을 맞추는 것이 부담이 되는 경우라면 스카이프 등 화상통화 서비스를 이용하여 원격으로 스터디를 진행해 보는 것도 방법이다. 성격상 사람들과 함께 학습을 하는 것이 잘 안 맞는 경우에는 여러 사람들에게 자신의 학습 목표를 알리는 방법이 있다.

JYP 엔터테인먼트의 박진영 프로듀서가 아주 오래전에 한 매체와의 인터뷰에서 말했다.

"저는 목표가 생기면 공개적으로 다 말을 하고 다녀요. 그러면 그 말을 지키기 위해서라도 억지로 노력을 해서 그 목표를 이루려고 하거든요."

박진영 프로듀서와 같은 유명인사라면 언론과 인터뷰를 하거나 TV에 출연하는 경우가 많으므로 다수의 사람들에게 자신의 목표를 밝히는 일이 쉽다. 그럼 유명인사가 아닌 일반인들은 어떤 방법을 통해 목표를 밝혀야 하느냐고? 21세기 디지털 시대 아닌가. 모두가 볼 수 있는 SNS에 자신의 공부 목표를 밝히고 실천 상황을 공유하면 된다. 이를 잘 실천한 사례로 인스타그램을 통해서 알게 된 한 전문 MC분을 들 수 있다. 지난해 이분은 자신의 인스타그램 계정을 통해 한 해 동안 책 100권 읽기를 하겠다고 밝혔다. 한 해 동안 책 1권 이상을 읽는 성인의 비율이 전체의 60% 정도밖에 되지 않는 시대(2017년 문체부 통계 기준)에 무려 책 100권을 읽겠다는 야심찬 목표에 '와... 대단하시다' 하는 생각이 들면서도 '그런데 그게 그렇게 쉽지가 않을 텐데......' 하는 걱정스러운 마음이 동시에 들었다.

이분은 "#북헌드레드"라는 해시태그를 걸고 자신이 읽은 책과 느낀 점을 적은 노트를 사진으로 찍어 꾸준히 업로드하기 시작했다. 난무하는 음식 사진, 셀카, 여행 사진 틈에서 꾸준히 업로드되던 책 표지와 독후감 사진, 그리고 연말이 되자 마침내 100번째 책 사진이 올라 왔다.

'결국은 해내셨구나!'

100번째까지 책을 읽고는 이제까지 읽은 책들을 도미노처럼 세워 놓고 넘어뜨리는 자축 행사를 영상으로 찍어 올렸는데, 그 영상을 보는 내내 내가 그 목표를 이룬 것처럼 뿌듯하고 기분이 좋았던 기억이 난다.

이렇게 불특정 다수의 사람들에게 특정 목표를 알리고 나면 '체면'이라는 잃을 것이 생긴다. 또 기대해준 사람들을 실망시킬 수 있다는 '불안감'도 생기게 된다. 이런 감정들을 자신을 구속하는 수단으로 삼는다면, 힘들고 지치는 날도 학습을 이어나가기 위해서 애를 쓰게 될 것이다.

습관 형성의 비결 #10

목표
재설정

"I think everybody should get rich and famous and do everything they ever dreamed of so they can see that it's not the answer." - Jim Carrey

모든 사람들이 부자가 되고 유명해져서 하고 싶었던 것들을 다 해봤으면 좋겠어요. 그래야 그게 답이 아니라는 걸 깨달을 테니까요. - 짐 캐리

잠시 기분 좋은 상상을 해보자. 힘들게 공부하고 일했던 당신은 마침내 휴가를 떠났다. 지중해 바다가 한눈에 들어오는 오션뷰 호텔에서 눈을 뜬 당신은 조식을 즐기러 호텔 내 레스토랑에 내려간다. 바다 내음 섞인 바람이 시원하게 불어 들어오는 레스토랑 한가운데에 보기만 해도 즐거운 초콜릿 퐁듀 분수가 당신을 반긴다. 마시멜로 하나를 집어 들어 초콜릿 분수로 가져간다. 초콜릿으로 덮힌 마시멜로를 입

안에 넣으니 달콤한 초콜릿 향이 코 안 가득 퍼진다.

이런 상황에서 우리 뇌는 도파민을 만들어낸다. 흔히 도파민을 '행복 호르몬'이라고 알고 있을 것이다. 초콜릿을 먹을 때, 사랑에 빠질 때, 신나는 음악을 들을 때 우리 뇌는 도파민을 분비한다.

그러나 많은 사람들이 알고 있는 사실과는 달리 도파민은 원하는 것을 얻었을 때만 분비되는 것이 아니다. 여러 연구에 의해 밝혀진 바에 따르면 도파민은 무엇인가를 원하는 상태에서도 분비가 된다. 초콜릿을 먹었을 때뿐만 아니라 초콜릿을 발견했을 때에도 도파민이 분비된다는 것이다.

이때 도파민이 분비가 되는 이유는 우리가 원하는 것을 성취할 수 있도록 돕기 위해서이다. '초콜릿이 저기 있으니 어서 몸을 움직여 저 초콜릿을 입에 넣어'라고 우리 뇌가 몸에 신호를 보내는 것이다.

큰 성공을 거둔 사람들 중 성공하기 전이 더 행복했다고 말하는 사람들이 있다. 그 이유는 왜일까? 도파민의 역할을 생각해보면 쉽게 이해할 수 있다. 일반적으로 목표를 이루기까지의 과정은 길고, 실제로 목표를 이루는 순간은 짧다. 이 두 과정 모두 도파민이 분비되지만 서로 지속 시간이 다르다. 간절히 목표를 향해 달려가는 긴 여정 동안 우리 뇌는 우리가 지치지 않도록 도파민을 분비시킨다. 이 덕분에 우리는 도전하는 과정 속에서 긴 행복감을 느낀다. 목표가 현실이 되었을 때도 마찬가지로 도파민이 분비되지만, 목표가 달성됐기 때문에 더 이상 도파민을 분비시킬 자극이 남아 있지 않게 된다. 따라서 이때 느끼는 행복감은 오래가지 못한다.

이 원리가 영어 학습 습관을 기르고자 하는 학습자에게 갖는 함의는 무엇일까? 1년 동안 영어 학습을 이어나가는 것을 목표로 세운 학습자가 있다고 가정해보자. 364일까지만 해도 의지로 불타오르던 사람이 365일이 채워지는 순간 예상치 못한 경험을 하게 된다. 어제까지만 해도 미완성이었던 프로젝트가 돌연 완성되는 순간이다. 목표가 달성되면 뭔가 엄청난 보람이 있을 것 같았는데 막상 달성하고 나니 잠깐 뿌듯한 감정이 드는 것 외에 별다른 감흥이 없다는 생각에 약간 허탈한 마음도 든다.

이 고비를 넘겨야 한다. 목표로 세운 학습 기간이 얼마든지 간에, 그 기간이 끝났을 때마다 재빨리 목표를 업데이트해야 한다. 이때 중요한 것은 처음 습관 형성을 시작했을 때와 비교해서 나에게 어느 정도의 동인이 남아 있는지를 살피는 것이다. 그리고 스스로 동기부여할 수 있는 정도에 따라 새로운 목표를 세워야 한다.

내가 7개월간 매일 운동하는 목표를 달성했을 때, 나는 앞으로 7개월 동안 처음과 같은 동기부여를 할 수 없을 것임을 직감했다. 계속해서 동일한 운동 앱을 사용하는 한, 추가로 7개월 동안 다시 도전을 이어나간다고 해도 그 과정이 지난 7개월과 똑같을 것이기 때문에 성취감도 보람도 예전과 같을 수 없을 것이라고 생각했다. 그래서 부족한 동기로 인해 목표 달성에 실패하는 것을 막고자 역발상으로 목표를 하향 조정하기로 했다.

하지만 앞서 말했듯 본인에게 남아 있는 동인을 살핀 뒤 자신에게 맞는 새로운 목표를 설정해야지 무조건 목표를 하향 조정하는 것이

답은 아니다. 만일 영어 공부를 1년 동안 해보았더니 자신감도 붙고 일적으로도 도움이 많이 되어서 더 잘하고 싶은 의욕으로 불타오른다면, 당연히 목표를 상향 조정해야 한다.

이상적인 목표 재설정 주기는 1년이다. 1년마다 사람들은 지난 한 해를 되돌아보고 마음을 다잡는 경향이 있기 때문이다. 학습을 시작한 지 1년이 될 때마다 남아 있는 동인을 살피고 새로운 학습 목표를 설정해보자. 이렇게 한 해, 두 해가 흐르는 동안 당신의 영어 실력은 몰라보게 개선될 것이다.

Summary

습관 영어,
습관 형성의 비밀

첫째, 동인 모색

나는 왜 영어를 잘하고 싶은가? 내가 영어를 잘했을 때 얻을 수 있는 유익은 무엇인지를 따져본다. 그 유익의 크기에 따라 목표를 유연하게 설정하자.

둘째, 달성이 쉬운 목표 설정

모든 사람이 영어를 완벽하게 잘할 필요는 없다. 나에게 필요한 영어 실력이 어느 정도인지 스스로 확실히 인식한 후 별것 아닌 것 같은 목표를 세워보자.

셋째, 단계별 구체적 목표 확립

쉽게 달성할 수 있는 단기, 장기 목표를 최대한 구체적으로 세워보자. 이렇게 학습의 방향을 확실히 잡아주어야 학습의 효율이 올라가고 단기간 내에 성취의 경험을 하게 된다.

넷째, 즐거운 학습법

영어 학습과 내가 좋아하는 일의 접점을 찾아보자. 운동, 사교 모임, 드라마, 영화, 뭐든 좋다. 내가 좋아하는 일을 하기 위해서라도 영어 학습을 이어나가게 될 것이다.

다섯째, 숨 쉴 틈 마련

뭐든 과유불급이다. 스스로를 지나칠 정도로 옭아매지 말고 학습에도 쉬어 갈 틈을 마련하자. 학습을 쉬는 날을 정하고 이날만큼은 푹 쉬어 가자.

여섯째, 금전적 투자

이제 인정하자. 영어에 쓸 돈이 없는 게 아니라, 영어에 돈을 쓰는 게 아까운 것이다. 하지만 아까운 투자를 해야 사람은 움직이는 법이다. 내 주머니에서 나온 돈을 영어 학습에 투자해 동기를 마련하자.

일곱째, 습관 형성 과정 기록

계획대로 학습을 한 날, 그렇지 못한 날을 달력에 표시하자. 반드시 습관 형성 초기 단계에 이 작업을 해야 한다. 기록을 하는 것 자체가 귀찮은 일이 되지 않도록 최대한 간단한 방법으로 학습 여부만 표시해야 한다.

여덟째, 개선점 확인

쓰고, 녹음하고, 촬영하자. 영어 듣기 문제를 풀어 점수 변화를 기록하자. 현재 내 영어 실력을 기록하고 후에 돌아보면, 나아진 영어 실력에 학습 의지가 또 한 번 불타오르게 될 것이다.

아홉째, 자신을 구속하기

함께 공부할 스터디 파트너를 찾아보자. 이게 번거롭다면 SNS에 학습 목표와 학습 과정을 공유해보자. 이렇게 하면 구속력이 생겨 의지가 약해지는 날에도 계획대로 학습을 하게 될 것이다.

열째, 목표 재설정

목표로 한 학습 기간이 달성되었다면 재빨리 새로운 목표를 세우자. 해당 시점 나의 동인은 얼마나 강한지를 살피고 이에 맞게 목표를 상향 및 하향 조정한다.

5장

이제 습관을 형성하는 방법도 알았고 의욕도 불타오른다.

그동안 실패만 거듭했던 영어 공부를 이번만큼은 성공할 수 있을 것 같다.

그런데 한 가지 문제가 있다. 무엇을 어떻게 공부해야 하는지를 모른다는 것이다.

5장에서는 무엇을 공부해야 하는지, 또 공부를 어떻게 해야 하는지에 대한

구체적인 방법론을 논해보고자 한다.

습관
영어
공부법

HABIT ENGLISH

Reading

◆

한국의 영어 학습자 대부분이 '영어 읽기'를 공부하는 이유는
수능 영어, 토익, 토플 등과 같은 시험에서 고득점하기 위해서이다.
시험을 잘 보려면 최대한 빠르게 읽고 문제에 대한 답만 찾고
넘어가야 하기 때문에 제대로 된 읽기가 불가능해진다.
이렇게 껍데기뿐인 영어 읽기 학습을 공교육 12년,
나아가 대학 4년 동안 하고 나면 남는 게 별로 없다.
시험을 잘 보는 능력은 갖추게 되었을지 몰라도, 글을
제대로 읽고 의미를 정확하게 파악하는 능력은 갖추기 어렵다.
실력을 개선하고 싶어 시험이 아닌 제대로 된 읽기 학습을
해보려 해도 방법을 모른다. 그동안 시험을 잘 보는 방법만
배워왔지, 읽기 공부는 이렇게 해야 한다고 그 누구도
알려주지 않았기 때문이다. 실력에 맞지 않는 원서를 사서 며칠
씨름을 하다가 내던지는 것도, 무턱대고 문법책을
처음부터 끝까지 공부하는 것도 답이 아니다. 독하게 마음먹고
구겨 넣듯이 단어를 외운다고 해도 몇 달만 지나면 외운 것들이
다 사라지고 만다. 그동안 시험을 열심히 공부해온 죄밖에 없는
학습자들의 답답한 마음을 달래줄 읽기 학습 전략을 소개한다.

◆

원서 읽기의
함정

　내가 고등학교를 다니던 시절에는 오늘날에 비해 수능 영어가 워낙 쉬웠다. 게다가 나의 경우 중학교에 들어가고 얼마 안 되어 수능 모의고사를 풀기 시작했기 때문에 고등학교에 진학했을 당시 수능 영어 영역은 따로 공부를 많이 할 필요가 없었다. 당시 취미로 운동도 했지만 짬이 날 때 할 수 있는 다른 취미를 찾아보고 싶었다. 그래서 집어 든 것이 당시 유행하던 해리포터 시리즈의 원서. 학교 도서관에서 책을 대여해서 두근거리는 마음으로 책 첫 장을 열었다.

　'도대체 얼마나 재미가 있어 다들 난리일까?'

　그런데 이게 웬걸. 내용이 너무 어려웠다. 매번 인문학 지문이나 토익 읽기 지문 같은 것들만 읽다가 마법사 학교에서 일어나는 일을 영어로 읽으려니까 도저히 소화가 안 되었다. 그래도 자존심은 있어서 어떻게든 이해를 해보려고 영어사전을 옆에 끼고 계속 꾸역꾸역 읽어 내려갔다. 그런데 모르는 단어가 너무 자주 나오니 책의 내용을 음미하기는 커녕 너무 지쳐버렸다.

'이건 독서가 아니라 고문이야.'

안 그래도 해야 하는 다른 공부들도 많았는데 이 책만 붙들고 있을 수는 없는 노릇이었다. 휴식 시간 동안 가볍게 할 수 있는 취미가 아니라 거의 '독서 노동'처럼 느껴졌다. 결국 얼마 못 읽고 책을 내려놓게 됐다.

주변을 보면 읽기 연습이 충분히 선행되지 않은 채로 원서를 덥썩 집어 들고 어떻게든 읽어보겠다고 달려드는 영어 학습자들이 있다. 의욕적인 학습 자세는 응원받아 마땅하지만 이는 실패할 수밖에 없는 접근법이다. 정보 습득이 주된 목적이고 시간이 넉넉지 않다면 원서가 아닌 번역본을 찾아 읽는 것이 낫다. 독서가 아닌 '노동'처럼 느껴지게 되면 좋던 영어와도 담을 쌓게 되기 일쑤이다. 모든 도서를 무조건 원서로 읽는 것은 답이 아니다. 원서 읽기에 대한 환상을 깨고 나에게 맞는 영어 도서를 찾아보자.

실용적인 책과
쉬운 책

그럼 읽기 학습을 할 때 적합한 원서 도서는 어떻게 골라야 할까?

영어 학습자가 학습용 원서를 고를 땐 두 가지 요소를 따져보아야 한다. 첫째, 이 책의 내용은 내게 실용적인 도움을 주는가? 둘째, 이 책은 내가 읽기에 적당히 쉬운가?

내가 고등학교 때 읽었던 해리포터 시리즈는 이 두 가지 모두 해당되지 않았다. 수능을 준비하는 고등학생이었던 나에게 마법사들에게 일어나는 상상 속의 일들은 조금도 실용적인 도움을 주지 못했다. 또 판타지 소설이다보니 쓰이는 어휘가 지나치게 낯설어 쉽게 읽히지 않았다. 실용적이지도 않은 내용을 힘겹게 읽으려니 재미가 있을 수가 없었다.

사람은 의식적이든 무의식적이든 간에 늘 내가 투자한 시간 대비 효용과 유익을 따진다. 힘든 일을 할 땐 그에 상응하는 유익이 있기를 바란다. 책 내용이 나에게 다소 어렵다면 이에 상응하는 유익이 있어야 한다는 말이다.

창업을 앞둔 사람이 영어 공부하는 상황을 가정해보자. 이 경우 '좋은 리더의 조건'을 알려주는 원서를 학습 도서로 선택할 수 있다. 이런 주제를 다룬 원서의 경우 초보 학습자에게는 난이도가 다소 높게 느껴지겠지만, 한 문장 한 문장 그 뜻을 깨우칠 때마다 실제 업무에 도움이 되는 정보를 얻게 된다. 따라서 힘들더라도 조금씩, 꾸준히 학습을 이어나갈 수 있는 것이다.

하지만 이마저도 부담이 될 수 있다. 그렇다면 아예 난이도가 쉬운 책을 선택해서 학습에 활용하는 것이 좋다. 단, 난이도를 낮추다보면 지나치게 유치한 어린이용 책들만 남을 수 있다. 책의 난이도가 아무리 적합하다고 해도 다뤄지는 주제가 성인 학습자에게 너무나 유치하다면 학습 의욕을 유지하기 어렵다.

그렇다면 답은 적당히 쉬우면서 너무 유치하지 않은 책이 될 것이다. 미국 학교 3학년에서 7학년 학생들이 보는 책 정도면 적당하다. 이 범주에 들어가는 도서 몇 권을 추천해보겠다.

학습용 추천 원서

1 | Timmy Failure

상상력 풍부한 11세 소년 탐정이 등장하는 책. 작가가 만화가여서 흥미진진한 내용과 함께 만화가 곁들여져 있다. 그림과 함께 제시되는 텍스트 덕분에 지치지 않고 읽기 학습을 이어나갈 수 있다.

2 | Diary of a Wimpy Kid

작가가 만화가인 또 다른 소설. 중학생 소년이 인기를 얻기 위해 겪는 여정을 그린 코미디 소설이다. 이 책 역시 그림이 곁들여져 있어 글만 읽는 게 힘든 초보 학습자들에게 적합하다.

3 | Big Nate

장난꾸러기 6학년 Nate의 학교생활을 그린 소설. 미국 학생들 사이에서 엄청난 공감을 사며 큰 인기를 끈 책이다. 영어 공부도 하고 미국 학생들의 삶은 어떠할지도 알고 싶다면 Big Nate로 영어 공부를 시작해보자.

4 | Alvin Ho

아시아계 미국인인 Alvin Ho는 모든 게 두렵기만 하다. 여학생들과 말을 나누는 것도 두렵고 학교생활도 어렵게만 느껴진다. 급기야 아예 학교 친구들과 말하는 걸 포기해버리고 마는데……. 아시아계 미국인 어린이의 고충을 한국 영어 학습자의 시각에서 살펴보면 더 흥미로울 것이다.

5 | My Weird School 시리즈

학교를 싫어하는 A.J.라는 소년의 이야기를 담은 시리즈물이다. 가벼운 마음으로 유쾌한 내용의 책을 읽고 싶은 학습자에게 추천한다. 시리즈로 구성된 책이기 때문에 현재 시중에 나와 있는 책이 수십 권에 달한다. 만일 이 시리즈로 학습한다면 책을 다 읽고 다음 책은 무엇을 읽어야 하나 걱정할 일은 없을 것이다.

이 책들은 아마존이나 국내 대형서점에 주문해서 받아 볼 수 있다. 아마존 웹사이트에서 대부분 서적의 내용 샘플을 읽어볼 수 있으니 먼저 책이 본인의 영어 실력에 적합한지를 한번 따져보고 구매하기를 권한다. 이 책들이 나에게 너무 어렵게 느껴진다면 아예 한국 중학생

들이 보는 독해집을 사서 풀어보는 것도 방법이다. 적당히 쉬우면서
도 공부를 할 거리가 있는 책이면 된다.

그대여, 문법책을 넣어두시오

영포자들을 괴롭히는 아주 간단한 방법이 있다. 1형식, 2형식, 3형식, 4형식, 5형식, 관계대명사, 관계부사, 유사관계대명사, 의문형용사, 도치, 전치, 후치... 벌써 괴롭지 않은가.

읽기를 잘하려면 문장의 문법 구조를 잘 파악해야 한다. 따라서 읽기 능력 향상에 문법 학습은 필수이다.

하지만 다들 잘 알다시피 문법 공부는 괴롭다. 그리고 지루하다. 영어 말하기의 경우 사람과 사람이 서로 생각을 나누는 과정이기 때문에 어려울 순 있어도 지루할 틈이 별로 없다. 반면 문법 공부는 정말 지루하기 짝이 없게 느껴진다.

문제는 한국의 영포자들 대부분은 이 지루한 문법을 제일 먼저 배웠다는 것이다. 그러다보니 시작부터 흥미를 잃은 학습자들이 많다. 재미도 없는데 당장 단기간 내에 눈앞에 떨어질 유익도 없다. 그러니 동기 부여가 안 되는 것이 당연하다.

지루하고 어려운 문법 공부에 성공하려면 '문법 공부를 위한 문법 공부'를 피해야 한다. 문법은 '의사소통'을 원활하게 하기 위한 사회적인 약속이다. 학습의 중심이 '의사소통'이라는 언어 본연의 목적이 아닌 '문법' 그 자체에 치우치게 되면 실용성이라는 요소가 사라져버리기 때문에 동기부여가 대단히 어려워진다. 따라서 문법 학습의 초점은 항상 '의사소통'에 있어야 한다.

예를 들어 너무나 재미있게 본 영화가 있고 이 영화의 원작 소설을 읽으면서 영화의 내용을 곱씹어보고 싶다고 하자. 이 소설의 내용을 이해하기 위한 도구로서 영문법 학습을 하면 문법 공부 자체가 목적이 아니기 때문에 지치지 않고 학습을 꾸준히 이어나갈 수 있을 것이다. 공부를 하면 할수록 내가 좋아하는 주인공들이 겪는 일들을 더 속속들이 이해할 수 있을 테니까 말이다.

수십 년 만에 아시아계 미국인들만 출연한 할리우드 영화인 〈크레이지 리치 아시안Crazy Rich Asians〉은 교포 가수 에릭남 씨가 애틀랜타 지역에 있는 영화관을 통째로 빌려 팬들에게 티켓을 선물해 화제가 되기도 했다.

이 영화를 재미있게 봤다고 가정해보자. 원작 소설을 찾아 영화를 보고 느꼈던 감정들을 곱씹고 싶어졌다. 그래서 해당 소설책을 구한 뒤, 책을 읽으면서 문법 공부도 같이 하기로 했다. 영화를 보면서 인상 깊었던 문장들을 소설에서 찾아 부담 없이 하루에 한 문장씩 공부해나가기로 했다고 치자.

영화 속 여주인공의 친구가 하는 대사 중에 다음과 같은 대사가 있다.

> **"Yellow on the outside, white on the inside."**
> 겉모습만 아시아인이고 사고방식은 백인이라고 생각하는 거지.

이 문장을 원작 소설에서 찾아 탐구하다보면 다음과 같은 생각을 해볼 수 있을 것이다.

'음... 두 번이나 **side**로 끝나는 단어 앞에 **on**이 나온 걸 보니... **side**로 끝나는 단어들은 보통 앞에 전치사 **on**이 쓰이는 건가?'

정말 그런지 확인해보기 위해서 구글에 **on the outside**를 검색해보니 '겉으로 보면'이라는 뜻으로 쓰인다는 검색 결과들이 꽤 여러 개 나온다. 실제로 그렇게 많이 쓴다는 것을 확인했으니 이제 응용을 해볼 차례이다.

'그럼 '외유내강'은 **'soft on the outside, tough on the inside'** 정도가 되겠네? 흠... 그럼 '겉으로는 행복해 보이지만 속은 슬프다'는 **'happy on the outside, sad on the inside'**겠구나.'

이런 식으로 간단하게 하루 문법 공부를 해보고 나면 영어 공부도 되고 궁극적으로 내가 이해하고 싶던 주인공들의 대화를 좀 더 잘 이해할 수 있으니 실질적인 유익도 누리게 된다. 만일 같은 문법 공부를 문법책의 전치사 파트를 펼치고 **on**의 용례에 대해서 살피는 방식으로 했다면 어땠을까?

'**On**은 '… 위에'라는 뜻, 2차원적인 평면 위에 놓인 것을 말할 때 쓴다. **side**는 면이니까 2차원이고 그럼 **on**과 쓰는 거구나.'

이런 식으로 공부를 했다가는 일주일도 못 넘길 가능성이 높다. 지루하고 실용적이지 못하다. 이렇다 할 유익도 느껴지지 않는 이런 식의 문법 학습은 문법에 대한 반감만 쌓이게 만들 뿐이다. 영어를 이용해서 내가 얻고자 하는 것이 무엇인지 잘 생각해보고, 이걸 얻기 위한 수단으로 문법을 익히고 활용하자. 이렇게 필요에 따라 하나씩 영문법을 들여다보기 시작하면 본인이 진정 원하는 영어 학습 목표도 달성할 수 있을 것이며, 동시에 영문법을 알아가는 재미도 함께 느낄 수 있게 된다.

단어를 왜
무작정 외워?

2010년을 전후로 케이팝 시장을 휩쓸었던 2PM이라는 남자 아이돌 그룹을 기억할 것이다. 2PM이 방송 일정으로 한 노인대학을 찾아갔는데, 그때 한 할머니가 당시 이 팀의 리더로 나중에는 AOMG라는 힙합 레이블의 CEO가 된 박재범 씨를 가리키며 한 말이 화제가 되었다. 바로 '리드자'이다.

알고 보니 이 할머니가 하고 싶었던 말은 '리더leader'였다. '이끌다'라는 뜻을 가진 **lead**에 한국어의 '놈 자(者)' 자를 갖다 붙인 것이다. 물론 우스꽝스러운 실수이지만 따지고 보면 단어에 대한 매우 효율적인 접근이었다고 할 수 있다. '자' 자를 갖다 붙이면 사람을 가리키는 말이 된다는 사실에 기반해 자신이 이미 알고 있는 외래어 '리드'에 붙여 본 것이 아닌가.

영어와 씨름하는 사람들이 가장 힘들어하는 것 중 하나가 단어 암기이다. 머리에 들어갈 때까지 깜지도 써보고 소리 내어 읽어도 보지만 그때뿐이고 금세 잊어버리고 만다. 정말 이렇게 무식하게 머리에 구겨 넣듯이 반복해서 써보고 읽어보는 것만이 답인지 답답한 생각이 들 법도 하다.

다행히 더 나은 방법들이 있다. 첫째, 단어를 효율적으로 외우려면 단순 암기보다는 외우고자 하는 단어가 어떻게 만들어졌는지 따져보고 그 어원을 분석하며 외우는 것이 훨씬 더 효과적이다. 예를 들어 '영감을 불어넣다'라는 뜻의 **inspire**를 외운다고 가정해보자. 여기에서 **in**은 '안쪽으로'라는 뜻이고 **spire**는 **breathe**, '숨을 쉬다'라는 뜻이다. 둘을 합치면 '숨을 불어넣다'라는 말이 된다. '영감을 불어넣다', '숨을 불어넣다' 이렇게 나란히 보고 나니 일맥상통하지 않은가? 단어를 외우는 게 훨씬 더 쉬워졌다.

---

in + spire
안쪽으로 + 숨을 쉬다

이렇게 **spire**라는 어근을 하나 익히고 나면 그다음부터는 술술 유사 어휘들을 외워나갈 수 있다. **Expire**는 **ex-** (out: 나가다)라는 접두사에 **spire**가 합쳐진 형태인데, 각각 어근의 뜻을 합쳐보면 **inspire**와는 반대로 '숨이 빠져나가다'라는 뜻이 된다. 그래서 **expire**는 '만료되다' 또는 '유통기한이 다 되다'라는 뜻이다. 계약을 사람이라고 생각해보자. 숨이 다 빠져나가면 죽게 된다. 그래서 '만료되다'라는 뜻이 되

는 것이다. 음식도 숨이 다하면 더 이상 못 먹는 상태가 되니 '유통기한이 지나다'라는 뜻으로 써볼 수 있는 것이다.

Perspire는 **per-** (through: 관통하여)라는 접두사에 **spire**가 합쳐진 경우다. 합치면 '관통하여 숨을 쉬다'라는 말이 되는데, 즉 '발한하다', '땀을 흘리다'라는 뜻이다.

이 외에도 '... 이 되기를 바라다'라는 뜻의 **aspire** (ad-: ...을 향하여+spire), '작당하다', '음모를 꾸미다'라는 뜻의 **conspire** (con-: ...와 함께+spire) 등 **spire** 어근 하나로 쉽게 익힐 수 있는 단어들이 상당히 많다.

이렇게 어근을 통한 학습을 하면 훨씬 더 효율적으로 단어를 외울 수 있음에도 대부분의 학습자들은 단어를 그림 외우듯이 무작정 보고 쓰면서 머릿속에 구겨 넣으려 한다. 이렇게 하면 왜 특정 단어가 특정 뜻을 갖는지 이해도 되지 않을뿐더러, 설사 이렇게 해서 단어를 암기한다고 해도 그 기억이 오래가지 못한다.

시중에는 이미 어원에 근간한 어휘 학습을 도와주는 책들이 많이 나와 있다. 그런 책들 중 자신의 취향에 맞는 책 하나를 골라서 다른 영어 학습자와 함께 영어 단어 스터디를 해보는 것도 좋다.

만일 책에 소개가 되어 있지 않은 단어를 공부하느라 어려움을 겪고 있다면 직접 어원을 확인해보는 방법도 있다.

어원을 영어로 **etymology**라고 하는데, 구글에 **online etymology dictionary**를 검색해서 내 마음에 드는 어원 사전을 사용해보아도 좋고, 아니면 내가 주로 사용하는 사이트인 www.etymonline.com에 접속해서 어원을 확인해보는 것도 좋다. 이 사이트는 영어로 되어 있긴 하지만 단어를 검색창에 치고 클릭하면 영어를 잘하지 못하는 사람도 큰 어려움 없이 어근을 확인해볼 수 있게 설명해두었다.

이렇게 어원을 기반으로 한 학습을 습관화하면 무작정 머리에 집어넣으려고 하는 것보다 훨씬 더 효과적이고 효율적으로 단어를 암기할 수 있을 것이다. 물론 어원을 활용해 어휘 학습을 한다고 해서 많이 써보고 소리 내어 읽어보는 과정을 아예 건너뛰라는 것은 아니다. 쓰고 말하며 오감을 자극하는 어휘 학습이 무조건 나쁜 것이 아니라, 어원을 활용하면 쉽게 외울 수 있는 단어의 집합을 따로따로 외우느라 에너지를 낭비하지 말라는 말이다.

단어를 잘 외우기 위한 전략 두 번째, 책상에 앉아 외우지 말아라. 물론 공부의 성격에 따라 꼭 책상 앞에 앉아서 해야 하는 공부들도 있다. 예를 들어 토익 RC 문제를 푼다면 당연히 책상 앞에 앉아 시간을 재면서 집중하여 문제를 푸는 것이 효율적이다.

하지만 단어 학습은 그럴 필요가 없다. 철자, 한국어/영어 뜻, 발음기호, 예문만 있으면 내가 가는 곳 어디에서든 할 수 있는 게 단어 공부이다.

하루 중 책상 앞에 앉아 공부할 수 있는 시간은 대부분의 사람들에게 상당히 제한적이다. 따라서 책상 앞에 앉아서만 공부를 하려고 하는 경우, 학습량도 충분히 확보가 안 되고 단어에만 너무 많은 시간을 쓰게 되어 다른 영역 발전 속도가 너무 느려지게 된다. 앞서 여러 번 설명했듯이 유익이 느껴지는 속도가 느리면 학습을 이어나가고자 하는 의욕도 줄어들 수밖에 없다는 점을 잊지 말자.

잘 따져보면, 하루 중 단어 학습에 활용할 수 있는 숨어 있는 시간들이 꽤 많다. 버스나 전철을 기다리는 시간, 지인을 기다리는 시간, 식사 후 업무나 학업 시작 전 등등 곳곳에 숨어 있는 시간들을 활용해 단어 학습 시간으로 삼자. 틈틈이 잠깐씩 들여다보는 개념이기 때문에 부담도 적어 습관을 형성하는 게 어렵지 않을 것이다.

셋째, 자신만의 단어장을 만들자. 숨어 있는 시간에 언제든지 단어를 공부할 수 있게 하려면 단어에 대한 정보들이 손만 뻗으면 닿을 곳에 있어야 한다. 물론 스마트폰 하나만 있으면 인터넷에 접속해 다양한 단어들을 찾아볼 수 있지만, 스마트폰은 SNS나 유튜브 등 다른 유혹들이 너무나 많기 때문에 되도록 아날로그적 접근을 하기를 권한다. 이때 필요한 것이 자신만의 단어장이다. 시중에 나와 있는 단어책들은 대부분 두껍고 무거운 책들이다. 이런 책을 여기저기 들고 다니며 단어를 공부하는 것은 너무나 번거로운 일이다. 단어책은 단어책대로 공부하되, 이와는 별개로 나만의 단어장을 만들어야 한다. 휴대가 편한 작은 노트를 사서 내가 잘 외우지 못하는 단어, 지나가다가 보았는데 뜻이 궁금했던 단어 등을 기입하는 습관을 키워보자. 굳이 단어에 번호를 매길 필요도, 다 쓴 단어장들을 고이고이 모아서 보관할 필요도 없다. 글씨도 정성 들여 쓰지 말고 알아볼 수만 있을 정도로 쓰면 된다. 단어장을 만드는 이유는 지금 외우고자 하는 단어들을 가까이에 두기 위함 그 이상도 이하도 아니기 때문에 다른 데 에너지를 낭비할 필요가 없다.

넷째, 단기간에 많은 단어를 구겨 넣듯 외우지 말고 조금씩 여러 번에 나누어서 외워라. 학습 방법 중에 간격 반복spaced repetition 학습법이란 것이 있다. 간단히 말하자면, 학습한 내용을 복습하는 주기를 점점 늘려나가는 학습법이다.

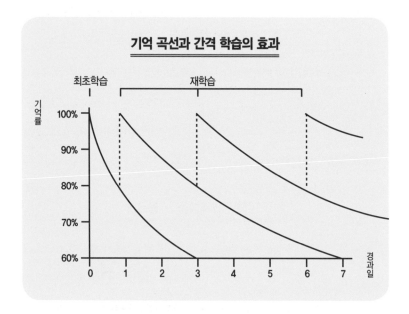

기억 곡선과 간격 학습의 효과

새로운 정보를 익혀도 시간이 지나면 이 정보에 대한 기억은 급격하게 흐려지게 된다. 앞의 기억 곡선 그래프를 보면 학습 후 1일만 경과해도 기억이 현저하게 약해진다는 것을 확인해볼 수 있다. 하지만 이렇게 기억이 흐려졌을 때 학습했던 내용을 다시 들여다보게 되면 더 강력하게 뇌에 각인이 되어 기억 곡선의 기울기가 덜 가파르게 변한다는 것을 알 수 있다. 이렇듯 정보를 한번 외웠다가 잊어버리고 다시 외우기를 시도할 경우 기억이 훨씬 더 강하게 남게 되는 인간의 기억 메커니즘을 활용하면 영어 단어도 더 효과적으로 암기할 수 있다.

먼저 1일 단어 학습에 쓸 시간을 정해놓아야 한다. 그 후 외우고자 하는 단어를 그 시간 동안만 학습한 뒤 재학습 시까지 기다리는 것이다. 간격 학습의 핵심은 재학습 주기를 점점 늘려나가는 것인데, 이는 정보를 한번 잊어버린 뒤 다시 학습할 경우 더 강하게 기억하는 우리 뇌의 특성을 최대한 활용하기 위해서이다. 그래프에서 알 수 있듯이 재학습이 반복될수록 기울기가 점점 덜 가팔라지고, 그만큼 해당 정보를 잊어버리기까지 걸리는 시간도 늘어난다. 그러므로 학습한 정보에 대한 기억이 약해질 때까지 기다리기 위해서 의도적으로 재학습 주기를 점점 늘려나가는 것이라고 이해하면 된다.

간격 학습을 단어 암기에 활용하는 예를 들어보자. 가령 외우고자 하는 단어가 20개가 있다면, 미리 정해놓은 1일 단어 학습 시간 동안만 해당 20개 단어들을 학습한 뒤, 1일 뒤에 학습이 완벽하게 안 된 단어들을 위주로 정해진 시간만큼 재학습을 한다. 그다음 2일 뒤에는 기억이 안 나는 단어들 위주로, 4일 뒤에 또 한 번, 이런 식으로 재학습 주기를 점점 늘려가며 학습을 하는 것이다. 이 과정을 반복하다보면 한꺼번에 몰아서 공부할 때보다 반복해야 하는 총 학습 횟수도 줄어들고, 외운 내용이 머릿속에 기억되어 남는 기간도 훨씬 더 길어지게 된다.

이상적인 재학습 주기는 개인마다 다를 수 있다. 따라서 단어 학습을 본격적으로 시작하기 전에 내가 단어를 잊어버리기까지 걸리는 주기를 확인하고 이를 기반으로 재학습 시기를 설정해야 한다. 학습 및

재학습 주기를 정했다면 플래너나 달력 등에 이를 잘 기록하고 O/×
표시로 준수 사항을 잘 기록해보길 권한다.

혹자는 간격 학습을 하라고 하면 '재학습 주기가 돌아오기 전까지는
그냥 노는 것이구나'라고 생각할 수도 있겠다. 하지만 그렇지 않다.
이미 학습한 내용이 잊히기 전에 '같은 내용'을 반복해서 보는 것이 단
기기억을 장기기억으로 전환하기에 좋은 방식이 아니므로 기다리라
는 것이지, '다른 내용'까지 학습하지 말라는 말이 아니다.

예를 들어 20개 단어를 10분간 최초 학습할 시 나의 망각 주기가 2
일이라고 치자. 단어책을 사서 1번에서 20번 단어까지 오늘 학습을
했다면, 이틀 뒤 동일한 내용을 재학습하고, 다음 재학습까지는 4일을
기다려야 한다.

재학습 주기가 돌아오기를 기다리는 동안에는 학습을 쉬지 말고 21
번에서 40번까지의 단어를 새롭게 학습하면 된다. 그리고 2일 뒤 21
번에서 40번까지의 단어를 재학습한다.

이렇게 되면 여러 개의 학습 주기가 동시에 돌아가게 되는데, 이 과
정을 반복하다보면 나중에는 서로 다른 단어들의 학습 주기가 겹치면
서 하루에 여러 부분을 한꺼번에 보아야 하는 날이 있게 된다.

하지만 크게 걱정할 필요는 없다. 이때쯤이 되면 재학습하는 단어
들이 이미 상당 부분 장기기억으로 전환되어 있을 시기이기 때문에
빠르게 훑어보기만 해도 기억이 쉽게 되살아난다.

이렇게 단어 학습 계획을 날짜별로 세세하게 관리하는 것이 성격상
잘 맞지 않는 학습자라면 하나의 주기만 관리해보는 것도 방법이다.

재학습주기 표

주차/단어수	1~20	21~40	41~60	61~80	81~100	101~120
1일차	1회					
2일차	망각	1회				
3일차	2회	망각				
4일차		2회				
5일차	망각		1회			
6일차		망각	망각	1회		
7일차	3회		2회	망각		
8일차		3회		2회		
9일차	망각		망각		1회	
10일차		망각		망각	망각	1회
11일차			3회		2회	망각
12일차	4회		망각	3회	망각	2회

　예를 들어 같은 단어들을 최초 학습 포함 총 4회씩만 학습하기로 했다면 첫날 1번에서 20번까지 학습을 하고, 동일한 내용을 2일 뒤, 4일 뒤, 8일 뒤 학습을 하는 것이다. 재학습 주기가 돌아오기 전까지는 굳이 새로운 단어들을 학습하지 말고, 영어로 일기 쓰기, 영화 보고 대본 분석하기 등 다른 영어 학습을 하고 있으면 된다.

⟩ 단어장은 주기를 정해서 전자 파일로 바꿔야 해! ⟨

단어장 작성을 장기간에 걸쳐서 하다보면 단어장이 너무 많아져서 수습이 안 되는 단계가 오게 되어 있다. 나의 경우엔 스무 살 때부터 단어 정리를 했더니 나중에는 서랍장 전체가 단어장으로 가득 차고 말았다. 문제는 이렇게 되면 그 단어장들의 활용도가 떨어지게 된다는 것이다. 단어 개수가 너무 많아 어디에 어떤 단어가 있는지도 알기 어렵다. 그럼 그 단어들을 또다시 찾아보고 정리해야 하는 번거로움이 발생할 수 있다. 따라서 단어장을 장기간 작성할 경우 주기적으로 전자 파일로 옮겨라. 이 작업은 생산성이 떨어지는 평일 일과 후, 주말 오후 등을 활용하는 게 좋다. 엑셀 파일 등을 만들어 편하게 옮기되, 각 표현을 성격별로 나누어 별개의 시트로(엑셀 기준) 묶어놓는 게 좋다. 예를 들어 생활 표현, 사회, 경제, 교육, 정치 등으로 범주를 나눠볼 수 있다. 단, 범주를 미리 만들어놓고 시작할 필요는 없다. 그때그때 단어를 정리할 때 해당 표현이 특정 범주로 묶일 수 있는지를 따져보고 필요 시 새로운 범주를 만들거나 기존에 만들어둔 범주에 정리해 넣으면 된다. 나중에 동일 표현을 접하게 됐을 땐 ctrl+f (검색 단축키)를 눌러 한 번에 찾아볼 수 있으니 다시 시간을 들이지 않아도 된다.

영어로 글을 잘 쓰고 싶다면 목적부터 분명히 해야 한다.

내가 왜 영어를 잘 써야 하는지 목적을 분명히 하고

학습 전략을 세우는 것이 첫 걸음이다.

학습자마다 글을 써야 하는 목적, 써야 하는 글의 성격은

다를 수 있겠지만 누구에게나 적용 가능한 효과적인

영어 쓰기 학습 방법들이 있다.

그럼 어떤 연습을 어떻게 해야 하는지,

또 이상적인 에세이는 어떤 형식인지 알아보도록 하자.

무엇을
쓰려 하는가?

쓰기를 잘하고 싶다는 학습자들에게서 영어 쓰기에 대한 질문을 많이 받는다. 어떻게 해야 쓰기를 잘할 수 있는지 묻는 분들에게 내가 제일 먼저 하는 질문이 있다.

"영어 쓰기 학습의 목적이 뭔가요?"

놀랍게도 이 질문을 하면 많은 분들이 쉽게 답을 하지 못한다. '영어 실력을 키워야 해'라는 막연한 생각으로 영어 쓰기 학습을 시작하려는 분들이 많다.

영어 쓰기는 목적에 따라 접근법도 달라져야 한다. MBA 지원을 위한 영어 글쓰기와 거래처와의 비즈니스 이메일의 성격이 같을 수 없다. 전자의 경우 매우 아카데믹하게 격식을 갖추어 써야 하지만 후자의 경우 군더더기 없는 실용적인 정보 전달이 핵심이다.

'전반적인 영어 쓰기 실력을 늘린다'와 같은 두루뭉술한 목표를 가지고 영어 쓰기를 연습하면 거의 도움이 안 된다. 오히려 상황에 맞지 않는 글을 써서 곤란한 상황에 처하게 될 수 있다.

그러니 무작정 달려들지 말고 영어 쓰기 학습의 목적을 구체화하자. 당신은 쓰기를 왜 학습해야 하는가? 다음 표를 작성하여 쓰기 공부의 목적을 확립해보자.

영어 쓰기 학습 목표 설정

1 | 내가 영어 쓰기를 공부해야 하는 이유는 무엇인가?

⇨

....

2 | 내가 잘 써야 하는 글은 어떤 글인가?

⇨

....

3 | 해당 글의 특징 세 가지를 적어보자.

첫째,

둘째,

셋째,

4 | 이런 글을 잘 쓰려면 어떤 공부가 필요할까? 자유롭게 자신의 의견을 적어보자.

⇨

....

....

....

....

영어로 쓰는
하루 일과

영어 쓰기가 필요한 이유는 학습자마다 다를 것이다. 하지만 영어를 공부해온 배경과 영어 실력을 막론하고 모든 학습자들에게 도움이 될 수 있는 영어 쓰기 학습법이 있다. 바로 하루 일과를 영어로 써보는 것이다.

하루 일과를 영어로 써보는 것이 좋은 학습법인 첫 번째 이유는 바로 쓰는 내용이 나의 삶과 직결되어 있다는 것이다.

나에게 가장 필요한 영어는 어떤 영어일까? 내가 매일매일 접하는 상황에서 쓸 수 있는 영어일 것이다. 따라서 하루 동안 있었던 일들을 영어로 써보면 실용도가 매우 높은 학습을 할 수 있다.

두 번째 이유는 쓰는 내용이 지나치게 어렵지 않고 일상적인 내용들이 주를 이룬다는 것이다.

대부분의 쓰기 학습자들은 지나치게 어려운 문장, 어려운 표현을 구사하려고 한다. 본인의 실력에 맞지 않게 문법적으로 복잡하고 난해한 표현들을 사용하다보니 실수도 늘어나고 글의 요지도 명확하게 드러나지 않게 된다.

이들에게 정작 필요한 것은 간단하고 명료한 문장 구사 능력이다. 더 덜어내고, 더 쉽게 써야 좋은 글이 된다.

하루 일과에 대해 영어로 쓰다보면 복잡하고 거창한 문장을 사용할 일이 없다. 평범하고 자신에게 가장 편한 문장구조를 사용하게 되어 있다. 이것이 습관화되면 좀 더 아카데믹하고 격식을 갖추어야 하는 글을 쓸 때도 무리를 하지 않게 된다.

글을 쓰는 양은 각자가 설정한 하루 영어 학습 시간에 맞춰서 유연하게 정하면 된다. 하루를 요약할 수 있는 한 문장 글쓰기도 괜찮고, 500단어 글쓰기도 괜찮다. 정해진 계획에 따라 유연하게 글의 길이를 조절해보자.

하루 일과 영어 글쓰기 연습의 예시

May, 3rd, 20XX

Today, I was sick. I got 장염, so I called my boss early in the morning and told him I could not go to work. I went to see my doctor and she prescribed me some drugs. I rested for the rest of the day, and now I feel much better.

문법이 막히는 부분은 그냥 남겨둬야 해!

글을 쓰다가 단어가 막히면 곧바로 사전을 찾아볼 수 있다. 하지만 문법 규칙
은 찾아서 학습하는 데까지 시간이 오래 걸린다. 따라서 문법 때문에 글이 막
힌다면 그냥 그대로 남겨두자. 모든 문법 문제를 그때그때 다 해결하려고 하
면 지쳐서 규칙적으로 학습하지 않게 된다. 일주일 중 다른 학습일을 해당 문
법 규칙을 찾아보는 날로 정해보자. 일단은 편하게 자신이 아는 선에서 글을
써보고, 문법 규칙을 확인하는 날에 글을 좀 더 가다듬어보자.

에세이를
잘 쓰는 방법

"교수님, 오늘 날씨 너무 좋지 않나요?"

"어, 그렇네. 이런 날 공부하느라 네가 고생이 많다."

"아니에요. 오늘 오후에는 별다른 일정 없으세요?"

"응, 오늘은 수업 끝나서 연구실에서 그냥 이것저것 일 좀 하다가 들어가려고."

"그러시구나."

"근데 내 일정은 왜?"

"네, 교수님, 사실 이번 과제 점수가 낮게 나왔는데 저는 좀 납득이 안 가서요. 저 진짜 열심히 했거든요."

대부분의 한국인들은 상대방의 기분을 배려하여 직설적으로 얘기하지 않는 경향이 있다. 앞의 대화에서처럼 본론으로 바로 들어가지 않고 자신이 하고 싶은 말과는 무관한 다른 말을 하는 데 시간을 들인다.

만일 이 학생이 대뜸 교수에게 "교수님, 제 과제 점수가 낮은 게 저는 이해가 안 되니 설명 부탁드립니다"라고 했다면 매우 무례한 학생으로 낙인찍혔을 것이다.

이런 한국 문화 탓에 한국인들은 글을 쓸 때에도 미괄식으로 글을 쓰는 경향이 짙다. 하지만 영어권 문화에서는 두괄식을 선호한다. 먼저 핵심 메시지를 말하고 이를 뒷받침하는 식이 되어야 한다. 이것만 잘해도 에세이를 훨씬 더 잘 쓸 수 있다.

두괄식 에세이 작성에서 가장 널리 쓰이는 형식은 다섯 단락 에세이five-paragraph essay 형식이다. 다섯 단락 에세이는 서론 단락, 본문 단락 1, 본문 단락 2, 본문 단락 3, 결론 단락으로 구성된다.

다섯 단락 에세이를 쓸 때 작성 단계별로 유념해야 하는 점들을 알아보자.

가장 먼저 해야 하는 작업은 '주제 선정'이다. 이 글을 통해서 달성하고자 하는 목표를 유념하여 주제를 정해본다.

그다음은 '개요 작성'이다. 개요 없이 글을 써 내려가면 중간에 글이 딴 길로 새거나 특정 부분만 길어질 수 있다. 주제를 뒷받침할 가장 강력한 근거 세 가지를 찾아 개요에 적어보자. 각각의 세 가지 근거를 다루는 단락에는 이 근거를 뒷받침하는 내용이 담겨야 한다. 개요는 한국어로 써도 좋다. 영어, 한국어를 가리지 말고 편하게 써보자.

다섯 단락 에세이 개요 작성의 예시

주제: 한국 정부는 주 4일 근무제를 강제해야 한다.

본문1: 시간이 많다고 일을 더 많이 하는 게 아니다.
- 시간이 적을 때 더 생산성이 제고된다는 연구 결과 제시

본문2: 쉬는 날이 늘어야 경제가 산다.
- 일본에서 한 달에 한 번 금요일 3시 퇴근제를 도입했더니 소비가 증진
  됐다.

본문3: 직원 1인당 업무 시간이 줄어야 일자리가 는다.
- 한국에는 추가 채용 없이 개개의 직원에게 과도한 업무를 할당하는 문
  화가 있다.
- 제도적으로 주 4일 근무제를 도입하면 부족한 노동력을 채우기 위해 기
  업들이 채용을 늘리게 될 것이다.

결론: 생산성, 경기 부양 효과, 일자리 창출 효과를 고려했을 때 주 5일 근
무제보다 주 4일 근무제가 낫다. 따라서 정부는 주 4일 근무제를 제도화
해야 한다.

서론 단락에서는 주제를 최대한 명료하게 제시하고 이를 뒷받침할 본문 1, 본문 2, 본문 3의 내용을 개략적으로만 소개해야 한다. 독자에게 이 에세이를 읽어야 하는 이유를 제시하고 무엇을 기대하고 읽어야 하는지를 보여주는 매우 중요한 단락이다.

본문 1부터 본문 3은 각각의 핵심 내용을 첫 문장으로 제시하고 이를 뒷받침하는 내용으로 나머지를 구성한다.

결론에서는 본문 1, 2, 3의 내용을 한 번 더 정리해주고 다시 한 번 핵심 메시지를 전달하는 것으로 마무리한다.

이를 기반으로 짧은 다섯 단락 에세이를 써보았다.

The South Korean government should mandate businesses opt for a four-day workweek. There are three reasons for this. First, more work hours do not always equal productivity. Second, workers with more leisure time boost the economy by spending more. Third, businesses will hire more to make up for lost work hours.

Contrary to conventional wisdom, more work hours do not necessarily translate to greater productivity. In fact, the opposite is true according to a study done by Oxford researchers. The study, which involved 50,000 Britons, concluded that workers tend to work harder and get more done when they have less time. A four-day workweek will

motivate workers to prioritize their tasks and will force them to be as efficient as they can, increasing their productivity as a result.

However, companies will not benefit much from greater productivity if people do not buy their products and services. Fortunately, a four-day workweek encourages people to spend more, thereby boosting the economy. When the Japanese government mandated companies finish their work at 3 p.m. every third Friday of the month, spending grew by about 10 percent. Thanks to this policy, Japan could stimulate its long-stagnant economy.

Of course, even a growing economy may not create enough jobs, especially here in South Korea. This is Because Korean businesses tend to force their employees to work longer hours instead of increasing hiring. If the government mandates a four-day workweek, however, Korean businesses will have no choice but to start recruiting more to make up for lost work hours.

All in all, given how a four-day workweek can boost productivity and the economy, while creating more jobs at the same time, it should be mandated by the South Korean government.

한국 정부는 기업들이 주 4일 근무제를 채택하도록 강제하여야 한다. 여기에는 세 가지 이유가 있다. 첫째, 근무시간을 늘린다고 해서 꼭 생산성이 증대되진 않는다. 둘째, 여가시간이 늘어나면 근로자들이 소비를 더 많이 하게 되어 경기진작 효과로 이어진다. 셋째, 근무시간이 줄어들게 되면 기업들이 부족한 업무량을 메우기 위해 고용을 늘리게 될 것이다.

일반적인 통념과는 달리, 근무시간을 늘린다고 해서 반드시 생산성 증대로 이어지지는 않는다. 옥스퍼드대 연구에 따르면 오히려 그 반대가 사실인 것으로 나타났다.

5만 명의 영국인들을 대상으로 진행된 본 연구는 주어진 시간이 많지 않을 때 근로자들이 더 열심히 일하게 되고 생산성도 증대된다는 사실을 밝혀냈다. 주 4일 근무제는 근로자가 일을 우선순위대로 처리하도록 만들어줄 것이며 각자 최대 효율을 내야 하는 환경을 조성해줄 것이다. 이는 결과적으로 생산성을 증가시키게 된다.

하지만 회사의 생산성이 증대된다고 해도 소비자들이 자사의 재화 및 서비스를 구매하지 않는다면 회사 측의 이익에 크게 도움이 되지 않을 것이다. 다행히 주 4일 근무제는 사람들이 소비를 더 하게끔 만들어 경기를 진작하는 효과가 있다. 일본 정부가 매달 셋째 주 금요일마다 오후 3시에 업무를 종료하도록 강제하자 소비가 10% 증대된 사례가 있다. 이 정책 덕분에 일본은 장기간 침체되었던 경기를 진작할 수 있었다.

물론 경제가 성장해도 일자리가 증가하지 않을 수 있다. 특히 한국에서는 그럴 가능성이 있는데 그 이유는 한국 기업들이 고용을 늘리는 대신에 이미 고용된 직원들에게 더 장시간 근무를 요구하는 경향이 있기 때문이다. 만일 정부가 나서서 주 4일 근무제를 강제한다면 한국 기업들이 어쩔 수 없이 부족한 업무량을 메우기 위해 고용을 늘리게 될 것이다.

요약해보자면 다음과 같다. 한국 정부는 주 4일 근무제의 생산성 증대와 경기 진작 효과, 일자리 창출 효과를 고려하여 이를 의무화해야 한다.

서론 단락과 본문의 주제문은 글이 딴 길로 새지 않게 해주는 길잡이!

글을 쓰다보면 새로운 아이디어가 떠오르기도 하고, 이것저것 덧붙이고 싶어질 수 있다. 각 단락을 작성할 때 내가 제대로 가고 있는지 확인하기 위해 서론 단락을 자주 들여다보자. 서론에서 제시한 것과 다른 길로 가고 있지는 않은지 체크하는 습관을 들이면 더 짜임새 있는 글을 쓸 수 있다. 각 단락에서는 단락 처음에 등장하는 주제문을 보면서 내가 뒷받침하고 있는 내용과 주제문이 서로 잘 어울리는지 계속 확인하며 에세이를 써야 한다.

최고의 영작 선생님,
구글

영작을 잘하는 방법에 대해서 질문을 받으면 주로 전문가의 도움을 받을 것을 권하는 편이다. 이와는 달리 회화의 경우 서로 실력이 부족한 사람들끼리 대화를 나누는 연습만 해도 실력이 향상된다. 내가 말을 할 때 어느 부분에서 막히는지 확인해볼 수 있고 개인적으로 이 부분을 보완할 수 있기 때문이다. 하지만 영작의 경우 잘못된 피드백을 받게 되면 엉터리 글쓰기 습관이 고착될 수 있다. 따라서 학원 수업을 수강하거나 온라인 첨삭 서비스를 이용할 여건이 된다면 그렇게 하는 것이 가장 이상적이다.

전문가의 도움을 받는 것이 어려운 경우라고 해도 좌절할 필요는 없다. 우리에겐 모르는 게 없는 최고의 영작 선생님 '구글'이 있기 때문이다. 내가 쓴 문장이 자연스러운지 알아보기 위해 구글 검색을 해볼 때 도움이 될 수 있는 팁 몇 가지를 공유한다.

팁 하나, 먼저 구글을 www.google.com으로 접속하지 말고 www.google.com/ncr로 접속하라. 한국에서 www.google.com으로 접속을 하게 되면 자동으로 www.google.co.kr로 연결된다. 이는 구글에서 사용자가 접속하는 지역을 파악하여 해당 지역 쪽으로 트래픽을 넘겨 보내기 때문인데, 이렇게 되면 한국에서 작성된 영어 기사 중심으로 검색이 된다. 이런 기사들은 부자연스럽거나 틀린 영어가 매우 많기 때문에 특정 영어 표현의 정확한 사용법을 확인하기 위한 자료로서 부적합하다.

하지만 주소 끝에 '/ncr'을 붙이면[4] 접속 지역으로 트래픽을 돌리지 않기 때문에 영어권 국가에서 작성된 뉴스 기사들이 검색 결과 상단에 배치된다. 이렇게 나온 영어 자료는 좀 더 믿고 살펴볼 수 있는 것이다.

팁 둘, 구글 와일드 카드 기능을 활용하라. 와일드 카드란 카드 게임을 할 때 자신이 원하는 특정한 패로 바꿔 사용할 수 있는 카드를 뜻한다. 흔히들 알고 있는 조커Joker가 바로 와일드 카드이다. 와일드 카드가 게임에 등장하면 게임의 판도는 예측하지 못했던 방향으로 바뀌어 버린다.

구글의 와일드 카드 검색 기능도 예측 불허가 핵심이다. 이 맥락에서 와일드 카드란 어떤 단어가 나와도 상관없는 자리라는 뜻이다. 구글에서는 별표 (*) 를 와일드 카드 기호로 사용하는데 특정 검색어를

---

[4]   NCR은 no country redirect (국가별 트래픽 재전송)의 약어

넣을 때 별표를 같이 넣으면 그 부분만 불특정 검색 결과가 나오게 된다.

예를 들어, '화장실을 사용하다'를 영어로 할 때 **"use a bathroom"** 이라고 하는지, **"use the bathroom"** 이라고 하는지 알고 싶을 때에는 **"use * bathroom"** 으로 검색해보면 된다. 이때 검색어 양쪽 끝에 큰따옴표를 쓰는 것을 잊지 말아야 한다. 그러지 않으면 검색한 표현과 유사한 표현들까지 모두 검색 결과에 표시된다. 하지만 검색어를 큰따옴표 안에 넣으면 내가 넣은 검색어와 글자 하나 다르지 않고 똑같은 검색 결과만 표시된다.

큰따옴표 안에 검색어와 와일드 카드를 함께 넣어 **"use * bathroom"** 이라고 검색을 하면 **"use a bathroom"** 또는 **"use his bathroom"**, **"use the bathroom"** 과 같은 검색 결과들이 나오게 된다. 이런 방법을 사용하면 내가 쓴 관사의 용례가 정확한 것인지 확인해볼 수 있다.

팁 셋, 검색 후 상단에 'News' 탭을 눌러 검색 결과를 확인하라. 구글은 검색을 한 번 할 때 방대한 양의 데이터가 도출된다. 문제는 이 검색 결과가 모두 영어 원어민이 쓴 것은 아니라는 것이다. 즉, 무턱대고 상단에 뜨는 검색 결과 몇 개를 보고 특정 표현의 규칙을 파악했다고 착각해서는 안 된다는 말이다.

반면 검색 결과 상단에 있는 News 탭을 눌러서 뉴스 검색 결과만 따로 추려서 살펴보면 검색 결과물의 출처가 뉴스 제목 하단에 녹색으로 표시되기 때문에 이 기사가 원어민이 쓴 것인지 아닌지를 금세 파악해볼 수 있다.

일례로, 검색을 했는데 뉴스의 출처가 〈Tech in Asia〉라면 아시아에서 작성된 영어 기사이니 다른 검색 결과를 좀 더 살펴보는 게 좋다. 검색된 뉴스의 출처가 영국 신문사인 〈The Sun〉이라고 표기되어 있다면 믿을 만한 영어라고 보아도 좋다.

팁 넷, 검색 결과물의 개수를 확인하라. 구글은 인터넷상에 있는 모든 정보를 대상으로 검색을 시도한다. 따라서 자주 쓰이는 표현이라면 검색 결과가 많을 수밖에 없다. 집필 시점 기준 **"use * bathroom"**을 검색해 뉴스 탭을 클릭해보면 검색 결과가 4천9백60만 건이 나온다. 뉴스 기사 기준 **"use a bathroom"**은 1만 7천 건, **"use the bathroom"**은 14만 건이 각각 검색된다. 이 말은 **"use the bathroom"**이 **"use a bathroom"**보다 흔히 쓰일 수 있다는 말이다. 실제로 옳은 표현은 **"use the bathroom"**이다.

단, 어려운 표현일수록 검색 결과는 적다는 점을 감안해야 한다. 사자성어 한국어 데이터보다 일상회화체의 한국어 데이터가 인터넷상에서 훨씬 더 많이 사용된다는 점을 생각해보면 이해하기 쉽다. **"use the bathroom"**처럼 일상적인 문구를 검색하면 수천만 개의 검색 결과가 나오지만 **"answer nature's call"** (화장실을 이용하다/볼일을 보다)과 같은 영어 표현은 자연스러운 표현임에도 불구하고 5만 건을 조금 넘는 정도의 검색 결과밖에 나오지 않는다.

따라서 검색 결과 수를 가지고 자연스러운 표현인지 여부를 따질 때에는 해당 표현의 난이도도 함께 따져보길 권한다. 표현의 난이도는 네이버 영어사전에서 확인해볼 수 있다. 네이버 영어사전은 평이한 난이도의 단어를 검색하면 한국 영어 교과과정 중 어느 레벨에서 해당 단어를 가르치는지 같이 표시를 해주는데, **bathroom**은 중 1, 중 2 단어라고 설명이 나온다. 반면 좀 더 난이도가 높은 '(화장실) 볼일'이라는 뜻의 **nature's call**은 교과과정 표시가 없다.

이렇듯 네이버 영어사전은 난이도가 높거나 전문적인 표현일 경우 따로 교과과정 관련 설명이 나오지 않는다. 내가 검색하고자 하는 단어에 교과과정과 관련한 설명이 없거나, 그런 설명 없이 별표 (중요) 표시가 되어 있다면 난이도가 높은 단어라고 간주하면 된다.

지금까지 영작 시 내가 쓴 문장이나 표현이 맞는지 여부를 학습자 스스로 확인해볼 수 있는 방법에 대하여 알아보았다.

Listening

◆

청해가 안 된다는 분들에게 가장 많이 듣는 말,

"읽으면 아는데 들으면 안 들려요."

틀렸다. 이해가 안 된 걸 뒤늦게 안 것이다.

청해는 아는 만큼 들린다. 안 들렸다면 모른다고 봐야 한다.

그럼 어떻게 해야 청해를 늘릴 수 있을까?

무작정 일과 중 영어 라디오를 틀어놓는다고

영어 청해력이 늘지는 않는다.

청해는 알아듣지 못한 내용을 분석하며 독해 공부를

해보아야 실력이 는다. 구체적인 청해 학습법을 알아보자.

◆

안 들리는 게 아니라
이해가 안 되는 거야

영어 학습자들에게서 가장 많이 받는 질문이 있다. 그건 바로 "영어 듣기를 늘리려면 어떻게 해야 돼요?"이다.

아주 오래전 이런 질문을 처음 받았을 때, 내가 어떻게 영어 듣기 실력을 늘렸었는지 곰곰이 생각해보았다. 그런데 생각해보니 나는 영어 듣기 실력을 개선하기 위해서 듣기만 따로 공부해본 적이 없었다. 듣기는 영어 공부를 열심히 하다보면 늘 자연스럽게 따라오는 것이었지 '영어 듣기를 늘려야겠다' 하고 집중적으로 듣기 공부를 해본 적이 없었다.

이와 같은 나의 경험이 영어 학습자들에게 시사하는 바가 하나 있다. 바로 영어 청해가 안 되는 것은 엄밀히 말해 안 들려서가 아니라 이해를 못해서라는 것이다. '안 들려서 못 듣는 게 아니라고? 이게 무슨 말이지?' 하고 고개를 갸우뚱하는 분들이 있을 것으로 안다.

이렇게 한번 생각해보자. 여러분이 마침내 영어를 정복해 영어를 듣는 데 전혀 불편이 없어졌다고 가정해보자. 그런데 중국 사람이 중국어로 말을 걸어 온다. 무슨 말을 하려는 건지 전혀 이해가 가질 않는다. 이게 '듣기(聽)'의 문제인가, '이해(解)'의 문제인가? 당연히 후자이다.

그렇다. 안 들리는 게 아니라 이해가 안 되는 게 문제인 것이다. 그래서 학생들이 듣기를 늘리는 방법에 대해 물으면 읽기를 더 연습하라고 조언한다. 연음 현상이라든지 비격식 발음 등도 청해를 어렵게 만드는 요소이기는 하지만, 대부분 학습자는 독해 자체가 안 된다. 눈으로 봐도 모를 것을 귀로 들으려니 이해를 할 수가 없는 것이다. 그래서 학생들에게 늘 '아는 만큼 들린다'는 점을 강조하곤 한다.

이렇게 말씀드리면 반론을 제기하는 분들이 있다. "눈으로 보니까 다 알겠는데 처음 들을 땐 안 들렸어요"라면서 말이다. 이건 엄연한 착각이다. 귀로 한 번 듣고, 눈으로 두 번 보니 그제서야 이해가 되는 것이다. 듣고자 했던 부분이 5초 길이의 발화였다고 치자. 이 내용을 처음 접한다는 가정하에, 5초 이내에 똑같은 내용을 한국어로 해석해서 말로 뱉으라고 하면 대부분 시간을 초과해버린다. 5초 안에 처리하지 못하는 정보를 5초 만에 들으라고 하니 알아듣지 못하는 것이고, 이 내용을 헤아리려고 5초를 넘겨 머릿속으로 생각하는 동안 뒤이어 나오는 내용들이 하나둘씩 쌓이면서 결국은 전혀 이해를 하지 못하는 상황이 발생하는 것이다.

글쓰기, 읽기와는 달리 말하기, 듣기는 '시간'이라는 요소가 있다. 순간적으로 이해가 되지 않으면 다음 내용이 계속 이어져 나오기 때문에 처리해야 할 정보가 밀리면서 의사소통이 불가능해진다.

내가 영어를 배우면서 청해가 문제가 되지 않았던 것은 '이해하기' 능력이 잘 갖춰져 있었기 때문이다. 정보를 접하자마자 순간적으로 이해를 하는 능력이 수반되었기 때문에 영어 공부를 하면서 듣기가 문제가 되지 않았다는 것이다.

듣기를 늘리고 싶다면 독해 능력을 강화하라. 무작정 반복 듣기만 해서는 듣기 실력이 전혀 늘지 않을 것이다. 듣기 학습 후 내용을 반드시 확인해볼 수 있도록 애초에 학습용 듣기 자료는 대본이 있는 것으로 선정해야 한다.

대본이 제공되는 영어 뉴스로는 NPR 라디오(http://www.npr.org/)가 좋다. 수시로 새로운 내용들이 업데이트되고 대본도 모두 제공되기 때문에 듣기 연습 후 무엇 때문에 못 알아들었는지 분석하기 쉽다. 단어를 못 알아들었던 것인지, 문장 구조가 낯설었던 것인지 따져보고 부족했던 부분을 채워보면 된다. TED (http://www.ted.com)와 같은 웹사이트(모바일로도 다운 가능)도 영어 강연의 대본을 모두 제공하기 때문에 학습용으로 매우 유용하다. 하루 30초에서 1분 정도 분량을 매일 반복해서 들어보고 난 뒤 대본을 확인하여 지문을 해석해보자. 모르는 단어는 뜻을 찾아보고 단어장에 정리해나가보자. 어려웠던 문장구조는 문법책을 뒤져보며 하나씩 알아가면 된다. 이렇게 독해력이 늘어가는 만큼 신기하게도 귀가 조금씩 열리는 것을 느낄 수 있을 것이다.

영어를 틀어놓는다고
청해가 늘지 않는 이유

"선생님, 영어를 뭐라도 집에 틀어놓고 있으면 청해가 느나요?"

이 역시 영어 학습자들에게서 상당히 자주 받는 질문이다. 실제로 집에서 설거지를 하거나 청소를 할 때, 식사를 할 때, 영어 방송이나 라디오를 틀어놓고 생활하는 분들을 종종 보았다.

하지만 안타깝게도 이렇게 영어 청해를 공부해서 도움을 받을 수 있는 사람들은 고급 영어 학습자들뿐이다. 거의 모국어처럼 편하게 영어가 들리는 고급 영어 학습자들의 경우, 이처럼 방송 등을 틀어놓고 일상생활을 하면 새로운 표현들을 쉽고 빠르게 흡수한다.

문제는 대부분의 학습자들은 이게 애초에 불가능하다는 것이다. 평범한 영어 학습자가 이렇게 영어를 틀어만 놓는다고 해서 영어 청해가 늘기를 기대하는 것은 하늘에서 비가 온다고 그 빗물이 내 것이 되기를 바라는 것과 같다. 내가 그릇을 마련하여 빗물을 담지 않으면 빗물은 강, 바다로 흘러가 사라져버린다.

일상생활 중에 영어를 틀어놓는다고 영어 학습이라고 착각하지 말자. 들은 내용의 대본을 구해서 이를 분석하고 넘어가야 학습이다. 집중해서 들어도 잘 들리지 않는 내용을 다른 일을 하면서 제대로 들을 수 있기를 기대하지 말자. 귀찮더라도 대본을 꼼꼼히 해석해보고 안 들린 부분은 왜 안 들렸는지 분석해보는 과정이 필수적이다.

아무 영상이나 골라서
청해 공부하면 망한다

앞서 1장에서 아무 영상물이나 반복해서 본다고 영어가 늘지 않는다는 점에 대해 설명한 바 있다. 그렇다면 재미를 포기하고 다시 지루한 공부법으로 되돌아가야 할까?

그렇지 않다. 많은 분들이 청해력을 늘리기 위해서 영상물을 활용하고 싶어 하는데, 이런 접근법 자체에는 전혀 문제가 없다.

다만 드라마나 영화를 통해 학습하더라도 본인이 감당할 수 있는 난이도여야 한다. 대부분의 영포자들에게는 아이들을 위한 영상물이 학습용으로 적합하다. 아이와 어른 모두 재미있게 볼 수 있는 애니메이션이나, 아주 일상적인 내용을 다루는 시트콤을 선택하기를 권한다. 만일 본인의 영어 역량을 넘는 난이도의 자료를 활용할 것이라면 반드시 선생님을 찾아 도움을 받으며 학습해야 한다.

애니메이션 영화들은 아이들의 상상력을 자극하는 주제를 주로 다루다보니 SF물이 특히 많다. 그럼에도 불구하고 애니메이션 영화를 추천하는 이유는 이런 영화에 사용되는 영어는 좀 더 단순하고 쉽기 때문이다. 어린 시청자들을 고려하여 줄거리 전개가 복잡하지 않고 사용되는 영어 문장들의 구조도 상대적으로 더 단순하다. 또한 고도의 이해력이 필요한 간접적인 화법보다는 직관적이고 직접적인 화법을 많이 쓴다. 따라서 장르의 한계를 뛰어넘어 초급 학습자들에게 유용한 교육 자료가 될 수 있다.

다음은 학습용으로 쓰기 좋은 영화 또는 시트콤들이다.

애니메이션 - 쉬운 영어

1 | The Secret Life of Pets (마이펫의 이중생활)

개인적으로 너무나 재미있게 보았던 영화이다. 저작권 문제만 없었다면 직장인 대상 영어 강의에서 사용하고 싶었을 정도로 초급 학습자들에게 강력히 추천하고 싶은 영화이다. 뉴욕에 사는 반려동물들이 주인공인 이 영화 속엔 일상생활에서 쓸 수 있는 표현들이 가득하다. 반려동물을 키워본 경험이 있는 학습자라면 즐거운 마음으로 영어 공부를 해볼 수 있을 것이다.

2 | Inside Out (인사이드 아웃)

역시 너무나 즐겁게 보았던 영화이다. 인간의 여러 감정을 각각 의인화해서 등장시키는 영화. 어린 시절에 대한 향수를 불러일으키는 영화로 역시 일상생활에서 응용하여 쓸 수 있는 쉬운 표현들이 많이 등장한다.

3 | The Lego Movie (레고 무비)

처음부터 끝까지 너무 유치할 것 같아 한참을 망설이다가 보았던 영화. 예상을 뒤엎고 너무 재미있게 봤던 기억이 난다. 이 영화는 일상생활에 적용할 수 있는 표현도 많이 나오고 미국 특유의 유머가 잘 녹아 있다. 미국식 유머 감각을 익히고 싶다면 이 영화를 강력히 추천한다. 제작자들이 의도한 웃음 포인트에 모두 웃을 수 있는 수준까지 올라간다면 이 영화를 다 학습했다고 볼 수 있겠다.

4 | Big Hero 6 (빅 히어로)

본래 의료 목적으로 개발된 로봇이 슈퍼 히어로로 업그레이드되면서 일어나는 일을 그린 영화. 주제만 보면 일상생활과 거리가 먼 대사들만 가득할 것 같지만 실제로는 그렇지 않다. 도입부를 비롯해 영화 곳곳에 일상생활에 응용할 수 있는 간단하고도 유용한 표현들이 많이 나온다. 주인공 히로의 형으로 나오는 타다시라는 캐릭터의 목소리를 유명 배우 대니얼 헤니 씨가 연기했다.

시트콤 - 실생활과 밀착된 주제

1 | The Office (오피스)

미국에서는 유명 시트콤 〈프렌즈〉만큼이나 대박이 났지만 한국에서는 널리 알려지지 않은 시트콤 드라마이다. 영국의 BBC에서 제작한 동명의 시트콤을 미국 NBC 방송이 리메이크한 작품이다. 펜실베이니아에 위치한 한 회사에 다니는 직장인들의 평범한 이야기를 유쾌하게 풀어낸 이 시트콤은 직장인들이 깊이 공감하며 즐겁게 영어 공부를 하기에 아주 적합한 영상 학습 자료이다.

2 | Modern Family (모던 패밀리)

너무 웃겨서 울면서 봤던 시트콤, 시즌 10까지 제작이 될 정도로 초대박이 난 작품이다. 다양한 가족들이 서로 얽히고설키며 일어나는 재미있는 해프닝들을 그린 시트콤으로 생활 밀착형 표현을 배우고 싶은 영어 학습자에게 매우 유쾌하고 유익한 학습 자료가 될 것이다.

3 | Sex and the City (섹스 앤 더 시티)

성인 학습자에게라면 좋은 학습 자료가 될 것이다. 1998년부터 2004년까지 방영된 시트콤으로 연애, 성생활, 쇼핑 등과 관련한 이야기들을 젊은 여성들의 시각에서 솔직하고 유쾌하게 풀어낸다.

학습을 위한 최적의 영상물을 선택했다면, 이제 영상을 구할 순서이다. 영화의 경우 네이버에서 제목으로 검색을 하면 '네이버 영화' 서비스가 제공하는 다운로드 버튼이 뜰 것이다. 편당 몇 천 원만 내면 곧바로 해당 영화를 다운받을 수 있다.

이때 주의할 점은 '자막 노출설정 가능 여부'를 꼭 확인해야 한다는 것이다. 네이버 영화 '다운로드' 버튼을 누른 뒤 검색 결과에서 구매하고자 하는 영화를 선택하면 왼쪽 콘텐츠 설명란에서 확인해볼 수 있다.

자막 노출설정이 불가능한 영화들은 자막이 기본으로 영상에 삽입되어 있어 학습용으로 사용하기 부적합하다. 학습용으로 영상을 보려면 한국어 자막, 영어 자막을 바꿔가며 보아야 하고, 궁극적으로는 자막 없이 영상을 시청할 수 있어야 하기 때문이다.

'네이버 영화'가 아닌 다른 경로로 영상을 다운로드할 경우, 곰플레이어와 같은 무료 영상 재생 앱에 호환되는 .srt 파일 등의 영어자막 파일을 구하는 것은 쉽다. 구글에 다음과 같이 검색을 해보면 자막을 받을 수 있는 사이트들이 나온다.

이러한 과정이 번거롭다면 넷플릭스에 가입해볼 것을 권한다. 넷플릭스는 한 달에 1만 원 정도만 내면 4개 기기에서 접속이 가능하다. 1개 기기에서만 접속을 원할 경우 더 싼 요금제도 있다. 넷플릭스의 장점은 한국어뿐만 아니라 영어 등 다양한 언어의 자막이 제공된다는 점이다. 큰 수고 없이 저렴한 가격에 다양한 콘텐츠로 영어 학습을 할 수 있다. 2019년 2월 기준, 앞서 소개한 영상물 중 〈빅 히어로〉, 〈모던 패밀리〉, 〈섹스 앤 더 시티〉가 넷플릭스에서 제공되고 있다.

tip 태훈 쌤의 습관 영어 꿀팁!

⊱ 나누어서 보고 선택적으로 보라! ⊰

영상물로 청해 공부를 할 때에는 한꺼번에 영상물을 다 시청하지 않아야 한다. 애초에 영상물로 공부를 하는 이유 자체가 재미와 흥미를 가지고 학습을 하기 위해서이다. 이미 끝까지 다 봐버린 영상물로 학습을 할 경우 재미와 흥미가 반감되고 학습의 부담감이 더 크게 느껴진다. 반대로 매번 정해진 만큼만 보고 영상 시청을 멈춘다면 다음 내용이 궁금해서라도 또 공부를 하게 된다. 또 한 가지 중요한 점은 모든 대사를 하나하나 다 공부하려고 하지 말고 선택적으로 학습해야 한다는 것이다. 영상물을 학습하면서 문장 단위로 모든 내용을 다 공부하고 넘어가려고 하면 진도가 나가질 않는다. 이렇게 되면 재미는커녕 지쳐서 10분도 제대로 학습하지 못하고 나가떨어지기 십상이다. 따라서 좀 더 부담 없는 선택적 학습을 할 것을 권한다. 예를 들어 하루에 20분 분량의 영상을 학습하기로 했다면 20분간 시청을 한 뒤에 자막을 가지고 5문장만 학습해보는 것이다. 학습할 문장을 고를 때는 얼마나 실용적인 표현인지를 먼저 따지라. 스스로 느끼기에 지나치게 어려운 문장을 가지고 씨름하기보다는 조금만 사전과 문법책을 뒤져보면 이해가 될 만한 문장들을 우선적으로 선택하는 것이 좋다.

Speaking

◆

영어 말하기를 유창하게 잘할 수 있다면 얼마나 좋을까.
그런데 대부분의 학습자들은 어색한 문장들을 뱉어놓고
그 문장이 왜 어색한지조차 전혀 모를 때가 많다.
바로 원어민적인 감각이 부족하기 때문이다.
하지만 원어민으로 태어나지 않았다고 해서 좌절할 필요는 없다.
훈련을 통해 원어민의 모국어에 대한 감각과 유사한 감각을
키워내는 학습 방법이 있다. 한국인들이 어색한 문장을 뱉게 되는
원흉 중 하나는 연어 규칙에 대한 지식 부족이다.
자연스럽게 말하고 싶다면 반드시 연어 규칙을 확인해야 한다.
자연스럽게 말하는 데에 필요한 지식을 쌓았다면 이제 실제로
말을 해보아야 한다. 이때 간단하더라도 틀리지 않는 영어를 쓰려고
노력하고 올바른 발음을 사용하기 위해 노력해야 한다.
영어 말하기의 학습 전략을 구체적으로 알아보자.

◆

자연스러운 표현이
안 나오는 이유

　내가 영어 학습법을 논하면서 가장 듣기 싫어하는 말이 '직독직해'
이다. 직독직해는 한국 사람들이 영어를 못하게 되는 원흉이자 한국
영어교육에서 사라져야 할 암적인 학습법이다.

　사실 중·고등학교 시절 나를 가르쳐준 선생님들도, EBS 선생님들
도 모두 '직독직해'를 외쳤다. 직독직해로 빠르게 내용을 파악하고 문
제를 맞히라는 게 선생님들이 입을 모아 말하던 영어 학습법이었다.

　물론 영어를 보았을 때 조금도 이해하지 못하는 초보자에게는 '직독
직해'가 효과적인 학습법일 수도 있다. 하지만 이건 알파벳도 모를 정
도로 초보일 때 해당되는 말이다.

　하지만 그 단계를 넘어서면 직독직해는 절대로 해선 안 된다. 직독
직해는 한국어와 영어의 차이를 근본적으로 무시하는 영어 학습법이
다. 어순도 다르고 상황별 사용하는 표현도 다른데 한국어 사고 방식

대로 영어를 억지로 풀이하는 법이다. 이런 방법으로 학습을 하게 되면 영어를 보고 한국어로 이해하는 데에는 어느 정도 도움이 될지 몰라도 영어로 말을 할 때에 형편없는 영어가 튀어나오게 된다.

영어 공부를 꽤나 했다는 학생들도 영어를 말해보라고 하면 이 직독직해의 습관이 튀어나온다. 예를 들어 다음 문장을 영어로 옮겨 말해보는 상황을 생각해보자.

> **"정확히는 3일 전에 만났어."**

이런 문장을 본 대부분의 영어 학습자들은 눈에 보이는 단어를 영어로 어떻게 말하는지를 기억해내려고 한다. '정확히'는 **exactly**, '말하면'은 **speak**, '3일 전에'는 **three days ago**, '만났어'는 **meet**의 과거 **met**. 이렇게 단어를 다 기억해냈으면 한국어 순서대로 구겨 넣기 시작한다. 이런 방식으로 접근을 하면 다음과 비슷한 문장이 탄생한다.

"Exactly speak three days ago we met."

이렇게 말해도 영어 원어민은 이해한다. 그런데 이걸 한국어로 다시 옮겨보면 "우린 만났다 3일 전에 정확히는"처럼 들린다.

일단 어순도 잘못되었고 한국어 문장의 모든 요소를 다 살리려고 했다. 또한 저 말이 나오게 된 문맥을 전혀 고려하지 않았기 때문에 어색한 문장이 나오게 된 것이다. 영작을 할 때 이처럼 억지 접근을 하게 만드는 원흉이 바로 '직독직해'식 학습이다. 단어 단위로 뜻을 바꾸고 억지로 이어 붙이는 식으로만 독해 학습을 해왔기 때문에 한국어를 영어로 바꿀 때도 마찬가지의 접근을 하게 되는 것이다. 공교육 과정에서 많은 선생님들이 강조하는 '직독직해' 학습법의 끝에 기다리고 있는 것은 이런 엉터리 영어뿐이다.

앞의 문장을 제대로 된 영어로 다시 옮겨보면 다음과 같다.

"Three days ago to be exact."

자연스럽게 영어와 한국어를 넘나들려면 영어와 한국어의 어순의 차이를 숙지하고 번역 과정에서 언제 무엇을 더하고 언제 무엇을 빼는 것이 좋은지를 잘 이해해야 한다. 문맥 또한 상당히 중요한데, "정확히는 3일 전에 만났어"라는 말을 했다는 것은 이미 서로 '만난 시점'에 대한 대화가 오갔음을 보여준다. 그렇다면 문장에 모든 요소를 다 집어넣는 것은 자연스럽지 못하다. 한국어로 치면 다음과 같은 대화가 오가는 격이다.

"너 걔 언제 만났어?"

"나는 걔를 3일 전에 만났어."

한국어를 모국어로 구사하는 사람이라면 "나는 걔를"이라는 말을 생략할 것이다. 문맥상 분명하게 드러나기 때문에 다시 말하는 것은 어색하다. 하지만 직독직해를 고집하는 사람들은 문맥에 대한 고려 없이 눈에 보이는 단어들에만 집착을 하기 때문에 영어로 자연스러운 대화를 나누는 것이 절대 불가능하다.

그럼 직독직해가 답이 아니라면 대책은 무엇일까? 내가 추천하는 더 나은 학습법은 원어민의 영어를 최대한 자연스러운 한국어로 바꾼 뒤, 그 한국어를 다시 영어로 바꾸는 연습을 해보는 것이다. 같은 예시를 계속 활용해보자.

"Three days ago to be exact."

이걸 직독직해하는 학습자는 한국어로 옮길 때 "3일 전에 정확하게 말하면"이라고 해석을 할 것이다. 하지만 한국어를 모국어로 구사하는 사람들은 그런 식으로 말하지 않는다. 어순도 말투도 모두 어색하다. 그럼 이걸 더 자연스러운 한국어로 바꾸어보자. 그게 바로 우리가 처음 봤던 한국어 문장, "정확히는 3일 전에 만났어"가 된다. 이제 이 문장을 다시 영어로 바꾸어보면 된다. **"Three days ago to be exact."** 이렇게 학습을 하면 "정확히는 3일 전에 만났어"를 원어민처럼 표현하는 방법을 익힐 수 있다.

공식처럼 간단하게 딱 맞아떨어지는 게 아니기 때문에 직독직해보다는 더 어렵고 시간도 더 걸린다. 하지만 이런 연습을 반복해야만 한국어와 영어의 차이에 눈을 뜨게 되고 궁극적으로 자연스러운 영어를 구사할 수 있게 되는 것이다.

한국어와 영어는 지구 반대편에서 서로 단 한 번도 만난 적 없이 발달했다. 그러니 한국어식으로 영어를 이해할 수 있다는 헛된 희망을 버리자.

영어 원어민이 쓴 문장을 한국어 원어민인 학습자가 최대한 자연스러운 한국어로 옮기고 이를 다시 영어 원어민이 쓴 문장과 연결하는 작업, 이것이 제대로 된 영어 학습법이다. 원어민스러운 영어를 말하고 싶다면 이 작업을 반복하길 바란다.

연어 학습의
필요성

미국인 아빠, 한국인 엄마 사이에서 태어난 미국인 아이가 있다. 아이는 오랜만에 한국에 놀러 와서 외삼촌을 만나러 간다. 엄마의 영향으로 한국어를 아주 못하지는 않지만 영어가 더 편한 아이는 외삼촌을 만나고는 신이 났다. 그런데 피곤한 외삼촌이 아이가 노는 동안 소파에서 스르륵 잠이 들었다. 아이는 외삼촌과 놀고 싶은 마음에 외삼촌 몸에 올라타서는 외친다.

"외삼촌, 눈 열어!"

순간 잠이 깬 외삼촌은 웃음을 터뜨린다.

"그럴 땐 '눈 열어'가 아니라 '눈 떠'라고 하는 거야."

이러한 한국어 실수는 어디에서 비롯된 것일까? 이는 한국어와 영어의 연어collocation[6] 규칙 차이를 이해하지 못했기 때문에 발생한 실수이다. "눈 떠"를 영어로 하면 **"Open your eyes"**이다. "문 좀 열어줘"를 영어로 해도 **"Can you open the door, please?"**이다. 영어에서는 문을 열든, 눈꺼풀을 열어젖히든 모두 **open**을 쓴다. 하지만 한국어에서는 '문을 열다', '눈을 뜨다'와 같이 구분을 해서 쓴다.

한국인들이 영어로 말할 때 늘 저지르는 실수가 바로 이러한 연어 실수이다. 예를 들어 '샤워를 하다'를 영어로 할 때 '하다'가 영어로 **do**이니까 **"do a shower"**처럼 말하는 식이다.

사실 영어의 연어 규칙을 초보 학습자 혼자서 익히기에는 상당한 어려움이 있다. 많은 자료를 공부하고 익히면서 서서히 알게 되는 부분이기 때문이다.

다행스럽게도 연어 학습의 속도를 높여줄 수 있는 매우 유용한 사이트가 있다. 바로 Online Oxford Collocation Dictionary (www.freecollocation.com)라는 사이트이다. 연어 규칙을 알고 싶은 단어, 예를 들어 **shower**를 입력하면 함께 쓰는 동사로 **have, take** 등이 검색 결과로 나온다.

특정 명사를 목적어로 갖는 동사를 알고 싶다면 "VERB + 검색어" 부분에 정리된 동사들을 확인하면 된다. 해당 검색어가 주어로 나왔을 때 함께 쓸 수 있는 동사를 알고 싶다면 "검색어 + VERB"와 같이 정

---

6 연어: 함께 자주 쓰이는 단어 (예: 밥 + 먹다, 손 + 씻다, 회사 + 다니다)

리되어 있는 곳을 보면 된다. 특정 명사 앞에 나오는 전치사를 알고 싶다면 "PREP." 라고 쓰인 곳을 보면 된다. (VERB: 동사, ADJ.: 형용사, ADV.: 부사, PREP.: 전치사)

앞으로는 단어 하나를 공부하더라도 늘 연어 규칙을 확인하며 학습하자. 시험을 잘 보는 것이 목적이었을 때는 단어와 뜻을 연결하는 것이 우선순위였을 수 있다. 하지만 계속 그렇게만 학습을 한다면 "눈 열어"와 같은 우스꽝스러운 실수를 연발하게 될 것이다.

자연스럽게 말하고 싶다면 연어 규칙을 부지런히 확인하는 습관을 길러보자.

직접 찾아보자

다음 주어진 한국어 뜻이 되도록 빈칸에 어울리는 연어를 직접 연어 사전 (Online Oxford Collocation Dictionary)에서 찾아보자.

1 | 시험을 보다
⇨ .... an exam

2 | 거한 아침식사
⇨ .... breakfast

3 | 운동을 하다
⇨ .... exercise

4 | 대출을 받다

⇨ .... a loan

5 | 차를 세우다

⇨ .... the car

답: (1) sit 또는 take (2) big 또는 large (3) do (4) receive 또는 take out (5) pull up

입도 열어야
트인다

  한국의 영어 학습자가 가장 갈증을 많이 느끼는 부분이 바로 영어 말하기 능력이다. 읽고 쓰고 듣는 건 어느 정도 되는데 말하는 건 도무지 안 된다는 학습자들을 셀 수 없이 많이 만나보았다.

  영어 말하기에 어려움을 느끼는 가장 근본적인 이유는 영어로 말을 안 하기 때문이다. 너무나 간단하게 해결할 수 있는 문제이다. 일단 부족한 실력이더라도 말할 기회를 만들어야 한다. 영어 말하기를 연습할 수 있는 다양한 방법을 소개한다.

1 | 일대일 회화 학원

  일반 회화 학원의 단점이 있다면 내가 말할 기회가 상대적으로 적다는 것이다. 원어민 선생님이 설명을 하는 동안 수동적으로 듣고만 있어야 하고, 다른 학생들과 대화를 나누는 시간에도 온전히 내가 말을 하는 시간은 충분치 않다. 학원 수업 시간 자체가 일주일에 얼마되지 않는데 그 시간마저도 온전히 내게 쓰질 못하니 말하기 실력이 향상되는 속도가 더딜 수밖에 없고, 가시적인 변화가 없으니 오래가지 못하고 포기해버리는 경우가 생긴다.

이러한 문제를 보완한 것이 바로 일대일 회화 학원이다. 온전히 나 혼자서 말할 수 있는 시간이 충분하고 궁금한 것이 있을 때 다른 학생 눈치를 보지 않고 편하게 물어볼 수 있다는 것이 장점이다. 일대일 회화 학원은 시간 예약제인 경우가 많아서 수업 시간도 유연하게 변경이 가능하다. 바쁜 일정 속에서 단기간에 가시적인 효과를 보고 싶은 학습자에게 추천하는 학습법이다.

일대일인 만큼 가격 부담은 있다. 평균적인 가격은 일주일에 한 번 수업이 25만 원, 일주일에 두 번 수업이 50만 원대이다. 적지 않은 돈이지만 학습자만 열심히 해준다면 그만큼의 값어치를 하는 말하기 학습 방법이다.

2 │ 전화 영어 · 화상 영어

마찬가지로 바쁘지만 일대일 영어의 가격은 부담이 된다면 전화 영어나 화상 영어를 추천한다. 요즘 이 서비스들은 가격과 질 측면에서 예전보다 훨씬 더 많이 좋아졌다. 가격은 시간당 1만 원 정도만 투자하면 된다. 분위기 좋은 카페에서 커피 한 잔에 조각케이크 하나만 사도 한 시간에 1만 원 이상 쓰게 된다는 점을 고려하면, 전혀 부담이 되지 않는 가격이다. 바쁜 현대인들의 시간 부족 문제를 해결하기 위해서 다양한 시간대 지역에 거주 중인 원어민 교사들이 상시 대기를 하고 있다. 아무 때나 스마트폰 앱으로 접속만 하면 원어민 교사를 만나 즉시 영어 말하기 연습을 할 수 있다.

'원어민 교사가 영어권이 아닌 동남아권 출신이어도 도움이 될까?' 이런 의문을 품는 학습자도 있을 것이다. 앞서 스터디를 진행할 때 서로 실력이 완벽하지 않아도 시너지가 발생하고 영어 실력이 향상될 수 있다고 설명한 바 있다. 미국식 영어, 영국식 영어와 똑같지는 않을 수 있지만 나보다 월등한 영어 실력을 구사하는 교사와 학습을 한다면 충분히 도움이 되고도 남는다. 발음이 영어권 국가 출신 발음과 조금 다르다고 해서 영어를 공용어로 사용하는 동남아권 출신 원어민 교사들에 대한 편견을 가질 필요는 전혀 없다는 말이다.

또 간혹 전화 영어나 화상 영어 서비스를 사용했다가 선생님이 잡담만 하거나 수업을 열심히 진행하지 않아 실망했다는 말을 하는 학습자들도 있는데, 학생이 먼저 배우고 싶은 것을 명확히 밝혀야 한다. 전화 영어나 화상 영어 서비스를 제공하는 대부분의 교사들은 이 일을 부업으로 하는 사람이 많다. 따라서 상대방이 원하는 것을 정확하게 집어서 그 문제를 해결해줘야 할 이유를 만들어주지 않으면 대충 시간을 때우려는 사람도 있을 수 있다.

하지만 크게 걱정할 필요는 없다. 요즘은 서비스 질 개선을 위해 학생들이 교사들 평점을 매기도록 하는 서비스들이 많다. 애초에 평점과 교사 자격증 유무 등 자격 요건을 확인한 뒤 수업을 들으면, 돈을 들여 수업을 듣고 나서 불쾌감을 느낄 일은 거의 없을 것이다.

3 | 외국인들과 함께하는 다양한 이벤트

학생 대 교사로서가 아니라 평범한 외국인을 만날 기회를 원한다면 외국인들이 나오는 모임에 나가보는 방법이 있다. 몇 가지 유용한 사이트를 소개한다.

(a) 글로벌 서울 메이트 Global Seoul Mate (https://globalseoulmates.com/)

글로벌 서울 메이트는 40여 개국 출신 6만 명 이상의 회원을 보유한 친목 모임, 파티, 한국어 교육 주선 사이트이다. 직접 사이트에 들어가도 되고 페이스북에서 검색을 해볼 수도 있다. 시즌별 다양한 모임이 소개되며, 소정의 참가비를 내고 모임에 나갈 수 있다. 외국인 친구들을 사귀고 영어 말하기도 연습할 수 있는 기회를 원하는 서울·경기권 영어 학습자들에게 추천한다.

(b) 밋업 Meetup (https://www.meetup.com/)

밋업은 야외 활동, 운동, 학습, 사진 등 관심사가 같은 사람들 간 모임을 주선해주는 사이트이다. 다양한 관심사 중에서 나의 관심사를 선택하면 현재 거주 중인 지역에서 가까운 곳에서 열리는 동호회 모임을 확인해볼 수 있다. 본인이 특히 열정을 갖고 있는 취미 생활이 있다면 내가 주체가 되어 동호회를 열 수도 있다. 단, 외국인들이 많이 접속하는 사이트이다보니 영어로 제공되기 때문에 모임에 나가기까지는 주변의 영어를 잘하는 사람에게서 도움을 받는 것이 바람직하다.

영어를 중급 이상으로 하는 학습자 중 영어를 구사하는 외국인 지식인층과 교류하기를 원한다면 왕립아세아학회 한국지부(RAS) 모임에 나가보기를 권한다. 나 역시 RAS 강연 겸 모임에 직접 나가본 경험이 있는데, 당시 만난 사람들의 지적 수준에 크게 감명을 받았다. 한 달에 두 번 정도 서울 지하철 3호선 안국역 근처에 위치한 서머셋팰리스호텔에서 열린다. 강연 일정은 웹사이트에서 확인이 가능하고 회원은 참가비 무료, 비회원은 일반인 1만원, 학생 5천 원의 참가비가 있다. 강연을 듣고 나면 참가자들 간 뒤풀이 모임도 있다. 강연 외에도 다양한 클럽 및 모임 활동이 있으니 웹사이트를 한번 둘러보기를 권한다.

쉽고 틀리지 않는
영어가 우선

공부를 잘하는 아이들의 공통점은 무엇일까? 공부를 특출나게 잘하는 아이들은 보통 부모가 들들 볶지 않아도 알아서 공부를 하는 경향이 있다. 이는 어릴 때부터 '나는 공부를 잘하는 모범적인 학생'이라는 자의식이 생겼기 때문이다. 반대로 '나는 낙제생'이라는 자의식이 생긴 학생들은 성적 우수생이 되는 것이 거의 불가능에 가깝다.

자의식은 삶의 다양한 영역에서 개인의 행동과 사고방식에 굉장한 영향력을 미친다. '나는 옷을 잘 입는 사람'이라는 자의식이 있는 사람은 아무 옷이나 걸쳐 입고도 자신만만한 태도를 보인다. 남들이 아방가르드 패션이라며 속으로 비웃어도 신경 쓰지 않는다. '나는 옷을 잘 입으니까.' 그런가 하면 '나는 고르지 못한 치아 때문에 미소가 아름답지 못한 사람'이라는 자의식이 있는 사람은 웃음이 터질 때마다 나도 모르게 자동적으로 손이 올라와 입을 가리게 된다. 남들이 내 치열에 전혀 관심을 가지지 않아도 무의식적으로 계속 방어적인 태도를 보인다.

영어 학습자들도 마찬가지이다. '나는 영어를 무난하게 구사하는 사람'이라는 자의식이 생기게 되면 자신감이 붙고 영어가 일취월장하게 된다. 하지만 '나는 영어를 늘 틀리는 사람'이라는 자의식이 생기면 자꾸만 위축되고 영어를 구사할 때 '내 부족한 영어를 사람들이 비웃진 않을까?' 하며 주변 사람들 눈치를 보게 된다.

바로 이 때문에 쉽고 틀리지 않게 영어를 구사하는 것이 중요한 것이다. 많은 영어 학습자들은 본인의 실력보다 훨씬 더 어려운 내용을 공부하려고 하는 경향이 있다.

눈높이를 낮춰라. 중학교 영어 정도이면 회화를 구사하는 데에 아무런 불편이 없다. 기초적인 영어가 편하지 않은 상태에서 자꾸 위로 쌓아 올리기만 하니 실수가 잦고 자신감도 떨어지게 되는 것이다.

중학교 영어를 가지고 어떻게 자유자재로 의사표현을 할 수 있느냐고? 어려운 표현을 한 번 풀어서 돌아가는 방식으로 표현하면 된다. 예를 들어서 영어 수업을 듣는 상황에서 "의문사 사용법을 자세히 알고 싶어요"라는 말을 하고 싶다고 가정해보자. '의문사'라는 단어부터 모르기 십상이다. 이럴 때 주저하면서 단어를 떠올리려고 할 것이 아니라 다음과 같이 말해보는 것이다.

"I want to know more about how to use who, what, where, etc."

Who, what, where 같은 표현들을 어떻게 써야 하는지를 자세히 알고 싶어요.

중학교 영어로도 충분히 구사가 가능한 문장이다. '의문사'라는 단어를 모르면 의문사를 나열하면 된다. 단어를 몰라도 돌아갈 방법은 늘 있다. 어떻게 돌아가야 할지 막막하다면 영어로 표현하고자 하는 한국어 문장을 외국인에게 설명하듯이 더 쉬운 한국어 문장으로 풀어서 써보라. 그다음 이걸 영어로 바꾸면 된다.

이렇게 난이도에 구애받지 않고 쉬운 문장으로 바꿔서 말하는 습관을 키우면 '무난한 영어 구사'가 가능해진다. 어려운 영어, 화려한 영어에 집착하지 말고, 일단 쉬운 영어로 내가 하고 싶은 말을 표현하는 법을 연구하고 연습하라. 이게 가능해지면 영어 실력이 느는 속도는 매우 가파르게 상승한다.

나이 탓 하지 말고
영어 발음을
개선해야 하는 이유

중장년 영어 학습자들이 영어 발음에 관해 늘 하는 말이 있다.

"나는 나이가 들어서 발음은 어떻게 안 돼."

나는 이 말에 동의하지 않는다. 나이가 들어도 발음은 고치고 개선
할 수 있다. 중장년 영어 학습자들이 자신은 영어 발음을 고칠 수 없
다고 말할 때 주로 제시하는 근거는 "어릴 때부터 발음 훈련을 하지
않았기 때문에 조음기관이 한국어 발음 방식에 맞게 굳어져버렸다"는
것이다. 하지만 발음은 혀 근육을 포함한 조음기관을 어떻게 쓰느냐
에 따라서도 결정이 되지만 발음법에 대한 지식을 갖추고 있느냐 여
부에 따라서도 크게 달라진다. 발음법 지식만 쌓아도 영어 발음이 크
게 나아질 수 있다는 말이다. 나아가 영어 발음 규칙에 대한 지식을

기반으로 반복적인 훈련을 하면 혀 근육 및 조음기관도 영어식 발음법에 적응시킬 수 있다. 반대로 이런 지식이 결핍되어 있을 경우 훈련 자체가 이뤄질 수 없기 때문에 영어 발음 시 필요한 혀의 움직임이나 조음기관 활용법을 익힐 수 없다.

영어 발음법에 대해서 스스로 얼마나 알고 있는지 되돌아보자. 영어 발음을 잘하고 싶다면서 영어 발음기호조차 모르는 학습자들이 많다. 영어 발음기호를 익히지 않았다면 영어 발음을 잘하기를 기대하면 안 된다. 사전을 볼 때마다 영어 발음기호를 연습해보고 인터넷 사전을 사용할 시 녹음된 원어민의 발음을 들어보고 따라하는 것이 습관이 되어야 한다. 영어발음 기호는 네이버 등 포털 사이트에 검색하면 쉽게 찾아볼 수 있고 유튜브와 같은 동영상 플랫폼에서 interactive phonetic chart for English pronunciation을 검색해보면 동영상에 표시된 발음기호를 눌러 해당 발음의 소리를 들어볼 수도 있다.

영어 발음기호를 익혔다면 구체적인 영어 발음 규칙을 학습한 뒤 충분한 발음 훈련을 해야 한다. 대부분 학습자들은 영어 발음 규칙에 대한 지식이나 제대로 된 훈련 경험이 전무하다. 공교육 과정 내내 발음보다는 영어를 읽고 문제의 정답을 맞히는 학습만 반복했기 때문이다. 선생님들조차 발음이 좋지 않은 경우가 많아 정확한 영어 발음법에 관한 학습이나 훈련이 아예 이뤄지지 않는 경우가 많다.

영어 발음기호에 대한 지식 부족, 영어 발음 규칙에 대한 지식 부족, 영어 발음 훈련량의 부족, 그리고 많아져버린 나이 중에서 나의 영어 발음 개선을 막고 있는 것이 진정 무엇인지 객관적으로 생각해보아야 할 때이다. 다양한 나이대의 학생들을 만나 발음 교정을 지도한 경험을 바탕으로 자신 있게 말할 수 있다.

"발음 학습에서 나이는 문제가 되지 않는다."

실제 내가 진행하는 오프라인 발음 강의에 오시는 중장년층 학습자들은 발음에 대한 지식이 거의 전무한 상태인 경우가 많다. 하지만 전형적인 한국식 영어 발음이 수십 년간 굳어진 분들도 발음법에 대한 지식과 노하우를 알려주고 단계별로 지도하면 눈에 띄게 발음이 개선되는 경우가 많다. 다시 한 번 말하지만, 좋지 않은 영어 발음은 나이 문제가 아니다. 지식의 결핍과 훈련량의 부족 문제이다.

혹자는 발음이 중요한 게 아니라 내용이 중요하다고 주장한다. 정말 그럴까?

예전 EBS의 한 프로그램에서 반기문 전 유엔 사무총장을 예로 들며 유사한 주장을 펼친 바 있다. 한국인과 원어민들을 대상으로 반기문 전 사무총장의 영어를 블라인드 테스트를 통해 평가해보라고 한 것이다. TV 화면에는 반 전 사무총장이 아닌 다른 한국 중년 남성의 사진이 떠 있었고 실험 참가자들은 자신이 듣는 영어가 사진 속 남성의 육성이라고 설명을 들은 뒤 영어 실력에 대한 의견을 내놓도록 요구받았다.

대부분의 한국인들은 반 전 사무총장의 한국식 발음을 지적하며 "촌스럽다", "발음이 너무 딱딱 끊어진다", "TV에까지 나올 실력은 아닌 것 같다" 등등 전반적으로 부정적인 평가를 내놓았다. 한 한국인 참가자는 반 전 사무총장의 영어 실력을 100점 만점에 40점 내지 50점 정도라고 평가하기도 했다.

반면 원어민들은 반 전 사무총장의 영어에 대해 "아주 높은 수준의 어휘를 사용했다", "메시지가 분명했다"와 같이 긍정적인 평가를 했고, 점수를 준다면 90점 이상을 줄 수 있을 것 같다고 했다.

방금 들은 목소리의 주인공이 반 전 사무총장의 육성이라고 밝히자 한국인 참가자들은 민망함을 감추지 못했다. "좀 황당했다", "좀 죄송스럽다는 생각이 들었다"와 같은 반응들이었다.

이 프로그램은 궁극적으로 '발음은 부수적인 것이다, 중요한 것은 내용이다'라는 메시지를 전달하고자 했다. 이 부분에 대해서 전적으로 부정하고 싶진 않지만, 영어 전문가의 시각에서 봤을 때 이 실험이 얼마나 객관적이고 과학적으로 진행되었는지는 의문이다.

실험 방식이 블라인드 테스트이긴 했지만 진행 방식에 큰 결함이 있었다. 참가자 집단 선정에서 학력, 영어 능력, 나이, 출신 국가 등 실험 결과에 지대한 영향을 미칠 수 있는 요인들이 전혀 통제되지 않았다. 한 그룹(원어민 그룹)은 자신들이 듣고 있는 연설의 내용을 알아들을 수 있었고, 다른 한 그룹(한국인 그룹)은 그 내용을 거의 이해하지 못했다. 당시 사용된 반 전 사무총장의 연설은 2006년 유엔 사무총장 당선 수락 연설이었는데, 전체 연설 중 어느 부분을 실험에 사용했는지 여부를 막론하고 문맥상 평범한 한국 중년 남성이 할 만한 연설이 아님을 원어민들은 대번에 눈치챘을 것이다. 즉, 원어민 집단은 연설자의 정치적·사회적 지위에 대해서 어느 정도 파악하고 그의 영어를 평가한 것이고, 한국인 집단은 그런 선입견 없이 순수히 영어 실력에만 집중하여 평가를 한 것이다. 이런 조건에서 진행된 원어민 집단의 평가가 과연 객관적이었다고 할 수 있을까?

이 실험을 좀 더 과학적으로 재설계하고, 참가자 집단을 확대 및 다양화했다면 실험 결과는 분명 달랐을 것이라 확신한다.

반 전 사무총장의 영어 실력을 '발음'과 '내용'으로 나누어보았을 때, 내용 측면에서 의문을 제기할 사람은 원어민, 비원어민을 막론하고 거의 없을 것이다. 하지만 반 전 사무총장의 영어 발음은 의사소통에 문제를 야기할 수 있는 부분들이 많다. 강세를 받는 음절이라든지, 모음 발음의 정확도라든지, 끊어 읽는 포인트라든지, 여러 면에서 청자가 이해하기 어렵게 만드는 실수들을 많이 한다. 이런 실수가 소통에 어떤 의미를 갖는지를 설명하기 위해 대한민국 19대 대통령 문재인 대통령의 당선 취임사를 예로 들어보겠다.

해당 취임사는 "존경하고 사랑하는 국민 여러분. 감사합니다. 국민 여러분의 위대한 선택에 머리 숙여 깊이 감사드립니다"로 시작한다. 만약 '내용'상 전혀 문제가 없는 이 취임사를 다음과 같이 시작했다고 가정해보자.

"전걍...해고수...라마...느국미녀...어번...캄사함니드아."

과연 한국어 원어민들은 이 말을 알아들을 수 있을까? 그렇지 못할 것이다. 여기에서 '내용'이 문제인가, '발음'이 문제인가?

반기문 전 사무총장의 영어를 들어보면 원어민 귀에 이렇게 들릴 만한 발음 실수들을 쉽게 찾아볼 수 있다. 이 때문에 좋은 내용임에도 불구하고 중간중간 원어민이 이해를 못해 고개를 갸우뚱하게 만드는 상황이 발생하는 것이다.

이쯤에서 좋은 영어 발음에 대해 정의 내리고자 한다. 좋은 영어 발음이란, 원어민처럼 혀를 굴리는 껍데기만 듣기 좋은 발음이 아니다. 좋은 영어 발음이란 영어를 말할 때 모국어 특유의 억양이 섞이는지 여부와는 무관하다. 발음 기호가 정해준 대로, 강세 규칙, 음을 올리고 내리는 규칙을 준수하여 발음하는 영어 발음이 좋은 영어 발음이다. 그러니 나는 한국식 억양이 강해서 안 된다는 핑계 뒤에 숨지 말자. 지식을 쌓고 연습 시간을 확보하면 나의 영어 전달력은 날개를 달게 된다.

좋은 영어 발음을 갖추는 데에 도움이 되는 학습법에는 여러 가지가 있다. 먼저 책을 통해 학습을 해보는 방법이 있는데, 시중에 나와 있는 다양한 학습자용 발음 관련 서적이 있다. 한국어로 된 서적 몇 가지를 추천하자면 《영어 스피킹의 기술》(장경미 지음, 시원스쿨닷컴 펴냄), 《하루 7분, 영어발음 단기완성》(젝키 지음, 카멜북스 펴냄)을 꼽을 수 있겠다. 비전문가, 전문가를 막론하고 도움이 될 만한 내용이 많은 책들이다.

대부분의 발음 서적들은 학습자가 직접 소리를 듣고 따라할 수 있도록 mp3 파일을 지원하지만, 입 모양과 혀의 움직임 등을 직접 볼 수 없다는 한계가 있다. 이를 보완하기 위해서 발음 관련 오프라인·온라인 강의 등을 찾아 들어보는 것도 좋은 방법이다. 내가 근무 중인 이창용어학원의 온라인 강의 사이트 CY Campus (www.cycampus.co.kr)로 들어가면 'English Boot Camp 발음'이라는 강의가 있다. 나의 영어 발음 노하우를 상세히 녹여낸 강의이니 한번 확인해보기를 권한다.

그 외 돈을 따로 들이지 않고도 영어 발음을 공부할 수 있는 유튜브 비디오들도 많이 있다. 발음 학습에 매우 유익한 원어민 유튜브 채널로는 〈Rachel's English〉를 추천하고 싶다. 구독자 수가 200만 명에 가까운 대형 유튜브 채널이자 영어 발음에 대해서 매우 상세하게 설명해주는 좋은 학습용 채널이다. 내가 운영 중인 Bridge TV에서도 '한발만(한국인의 발음을 만져주다)'이라는 영어 발음 공부 시리즈를 연재하고 있다. 영어 발음에 대해서 지식을 쌓으면 어떤 변화가 생길 수 있는지 직접 영상을 보고 체험해보기를 권한다.

이 책을 구매한 독자들을 위해 부록에 한 달 치 발음 연습 자료를 담았다. 하루 일과를 마치고 잠을 청하기 전 짧은 투자로 두 달 동안 꾸준히 발음 학습을 해보길 권한다.

섀도잉
학습법이란?

요즘 통역사들이 공부하는 방법이라며 섀도잉shadowing 학습법을 강조하는 영어교육 서비스들이 늘어났다. 개인 차이는 있겠지만 내가 아는 한 실제 통역사들이 섀도잉 연습을 많이 하지는 않는다. 그 이유는 섀도잉 학습의 효과와 관련이 있다.

섀도잉이란 영어 텍스트를 들으면서 그림자shadow처럼 그 뒤를 밟아 소리를 똑같이 흉내내는 학습 방법을 일컫는다.

통역사 준비생이던 시절, 다양한 선생님들에게서 섀도잉의 효과에 대해 여러 이론들을 접해보았다. 그중 반복적으로 접했던 말은 "섀도잉이 영어 구사를 유창하게 하는 데 도움이 된다"는 말이었다.

이 부분에 대해서는 학자들마다 이견이 있는 듯하다. 내가 학생들에게 늘 말하는 바는 섀도잉만으로 영어 구사가 유창해질 수 없다는 것이다. 영어를 유창하게 구사하려면 영어 문장구조에 대한 깊은 이해가 필수적이고, 풍부한 어휘력과 더불어 정확한 영어 발음 능력이 갖춰져야 한다.

이 중 섀도잉 학습법이 도움을 줄 수 있는 부분은 '정확한 영어 발음 능력'을 갖추는 부분이다. 따라서 섀도잉은 발음이 약한 학습자들에게는 최적의 학습법이지만, 유창성을 기대하고 섀도잉에 접근하는 것은 바람직하지 않다. 전문 통역사들은 발음에 심각한 문제가 있는 경우가 많지 않기 때문에 섀도잉 연습을 굳이 따로 할 필요가 없는 것이다.

발음을 개선하고 싶은 학습자들을 위해 섀도잉 학습 방법을 소개하자면 다음과 같다.

1 | 음원과 대본이 모두 있는 학습 자료를 사용하라

대본 없이 섀도잉을 연습해야 한다고 주장하는 사람들이 있다. 숙련된 영어 구사자라면 기호에 따라 굳이 대본 없이 연습을 해도 좋다. 하지만 영어 듣기가 잘되지 않는 학습자들은 무조건 대본이 있어야 한다. 앞서 청해 공부에 도움이 된다고 소개한 바 있는 NPR 라디오나 TED와 같은 웹사이트들은 음원과 대본을 모두 제공하기 때문에 섀도잉 연습을 하기에 최적이다. 특히 TED 사이트는 interactive transcript 라는 것을 제공하는데, 대본에서 내가 듣고 싶은 문장을 클릭하면 강연 영상 중 그 문장을 말하는 부분으로 넘어가는 기능이다. 섀도잉 연습에 적극 활용해보기를 권한다.

2 | 음원을 듣기 전 대본을 먼저 보고 본인의 낭독 연습을 녹음하라

새도잉을 할 때 무턱대고 음원부터 틀어보는 것보다는 대본을 먼저 보고 내가 읽어본 뒤 이 과정을 녹음하여 들어보기를 권한다. 이는 일종의 진단 과정이라고 볼 수 있다. 내 발음에서 무엇이 문제인지 기록을 남겨 분석할 자료를 만드는 것이다.

3 | 음원을 재생하여 들어보고 자신의 낭독 녹음물과 비교하라

나의 낭독 과정을 녹음했다면 이제 원어민의 목소리가 담긴 음원을 들어볼 차례이다. 자신이 낭독할 때와 원어민이 할 때 발음 방법에 어떤 차이점이 있는지 대조해보고 개선점을 모색해보자.

4 | 음원을 다시 재생하고 반박자 늦게 뒤에서 쫓아가며 소리를 똑같이 흉내내라

본격적인 새도잉 연습 단계이다. 동일 음원을 다시 튼 뒤 원어민 화자가 말을 하기 시작하면 0.5초에서 1초 뒤 말을 따라서 하기 시작한다. 이때 그냥 음원을 틀어놓고 내 방식대로 읽어서는 안 된다. 새도잉 연습 포인트는 발음뿐만 아니라 언제 말을 멈추는지, 어떤 단어, 어떤 음절을 강하게 말하는지, 문장을 말할 때 음의 높낮이는 어떻게 변화하는지 귀 기울여 듣고 똑같이 흉내를 내는 것이다.

새도잉 연습 시 또 하나 주의할 점은 본인이 감당이 안 되는 빠른 속도로 연습을 해선 안 된다는 것이다. 무턱대고 쫓아가지도 못할 속도로 새도잉 연습을 했다가는 기대한 학습 효과를 누릴 수 없다. 만일 준비된 음원이 본인이 따라가기에 너무 빠르다고 생각되면 무료 소프트웨어인 '곰오디오'를 비롯한 다양한 음원 재생 소프트웨어를 활용해서 재생 속도를 느리게 설정한 뒤 연습을 해보기를 권한다. 곰오디오의 경우, 자판에서 c를 눌러 재생 속도를 빠르게, x를 눌러 느리게 설정할 수 있다.

Summary

- 본인의 실력에 맞지 않는 원서를 읽는 것은 읽기와 담을 쌓게 만드는 행위이다. 독서가 노동처럼 느껴지지 않도록 적절한 읽기 교재를 선택하자.

- 학습에 활용할 원서를 고를 때는 다음 둘 중 하나 이상의 조건에 부합하는지 따져보자. 이 책은 나에게 실용적인 정보를 담고 있는가? 이 책은 나에게 쉬운 책인가? 쉬운 책을 고른다고 해서 읽기도 싫은 유치한 책을 보지 않아도 된다. 영어권 국가의 3학년에서 7학년 도서를 학습 도서로 쓰면 난이도와 재미 두 마리 토끼를 모두 잡을 수 있다.

- 문법은 결국 소통을 위한 도구이다. 문법을 위한 문법 공부를 하지 말고 의사소통에 초점을 두고 문법 학습을 하자. 내가 알고 싶은 영어 문장을 가지고 문법 공부를 하면 자칫 지루할 수 있는 문법 공부도 즐거워진다.

- 단어를 외울 때는 무조건 구겨 넣듯이 외우지 말고 어원을 통해, 이동 중일 때와 같이 남는 시간을 활용해서 외워야 한다. 또한 자신만의 단어장을 만들어 외우고자 하는 단어를 늘 가까이에 두어야 한다. 단, 단어를 외울 때 한꺼번에 많이 외우지 말고 재학습 주기를 정해 그 주기를 늘려가며 학습해야 한다.

- 영어 쓰기를 잘하고 싶다면 먼저 쓰기를 학습하는 목적을 분명히 하자. 무엇을 왜 공부하고 싶은지를 모르는 학습은 결과가 있을 수 없다.

- 영어를 못하든 잘하든 영어로 하루 일과를 쓰는 연습은 도움이 많이 된다. 자신의 일상에 대해 적는 것이다보니 실용도가 높은 학습이 가능하고, 일상적인 표현들을 글로 옮기는 연습을 통해 인위적이지 않고 자연스러운 문장구조 및 표현 사용이 습관화된다.

- 에세이를 잘 쓰고 싶다면 두괄식으로 써라. 쓰기 전에 꼭 개요를 작성하고 서론, 본론 1, 본론 2, 본론 3, 결론 단락으로 나누어 총 다섯 단락 에세이 형식에 맞춰 쓰는 연습을 해보자.

- 쓰기 실력 개선을 위해 전문가의 도움을 받을 수 없다면 구글 검색 기능을 적극 활용해보자. 구글을 ncr로 설정하고 구글의 와일드 카드 기능을 적극 활용하면 쓰다가 막히는 문장에 대한 해답을 찾아볼 수 있다.

- 많은 학습자들이 '보면 아는데 들으면 안 들린다'고 한다. 하지만 이렇게 말하는 대부분의 영어 학습자들이 진정 개선해야 하는 것은 독해력이다. 순간적으로 지나가는 정보의 의미도 완벽하게 이해할 수 있을 정도의 독해력을 갖추기 위해 노력하자. 아는 만큼 들리는 법이다.

- 일상생활을 하면서 영어를 틀어놓는다고 해서 영어 청해가 늘지는 않는다. 고급 학습자가 아니라면 들은 내용의 대본을 꼭 구해서 꼼꼼하게 공부하고 분석해야 청해가 는다.

- 영상을 통해 청해 공부를 하는 것 자체에는 문제가 없다. 다만 그 영상물이 나에게 적합한 영상물인지 따져보아야 한다. 애니메이션 또는 일상적인 내용을 담은 영상물을 정해 여러 번에 나누어서 보면서 선택적으로 공부해보자.

- 직독직해를 강요하는 영어 교육을 받은 한국 학습자들은 단어 하나하나에 집착하고 한국어를 영어로 옮길 때도 직독직해식 접근을 하려고 한다. 이렇게 해서는 자연스러운 영어 말하기가 불가능하다. 영어를 가장 자연스러운 한국어로 바꾼 뒤 다시 영어로 바꿔보는 학습을 반복하자. 원어민스러운 언어 감각을 키울 수 있을 것이다.

- 특정 표현이 어떤 표현과 쓰이는지 모르고 모국어에서 쓰이는 단어를 직역해서 갖다 붙이면 우스꽝스러운 표현이 만들어진다. 이런 실수를 범하는 것을 막기 위해 연어 규칙 학습을 습관화하자. 연어 사전을 활용해 특정 단어들이 어떤 단어들과 함께 쓰이는지 알아보자.

- 말하기를 잘하려면 말을 해보아야 한다. 영어로 말을 할 수 있는 모임이나 기회들은 주변에 찾아보면 생각보다 많다. 적극적으로 영어로 말을 해야 하는 상황을 찾아가보자.

- 화려한 영어보다는 쉽지만 틀리지 않는 영어를 구사하는 것을 목표로 하자. 틀리지 않고 영어를 구사할 수 있다는 자신감이 생기면 영어 실력은 일취월장하게 된다.

- 영어 발음을 결정 짓는 요소에는 혀 근육이나 조음기관만 있는 게 아니다. 영어 발음에 대한 지식 부재가 영어 발음을 망치는 결정적인 요소인 경우가 더 많다. 그러니 나이 탓하지 말고 영어 발음 지식 습득을 위해 힘쓰자. 영어 발음 교정에 너무 늦은 나이는 없다.

- 발음 교정을 위해 섀도잉 학습법을 활용하고자 한다면 다음 네 가지 순서에 따라 연습해보자. 첫째, 음원과 대본이 모두 있는 학습 자료를 사용하기. 둘째, 음원을 듣기 전 대본을 먼저 보고 본인의 낭독 연습을 녹음하기. 셋째, 음원을 재생하여 들어보고 자신의 낭독 녹음물과 비교하기. 넷째, 음원을 다시 재생하고 반박자 늦게 뒤에서 쫓아가며 소리를 똑같이 흉내내기.

부록

HABIT ENGLISH

영어 학습에
도움이 되는
앱 소개

모바일 시대, 언제 어디서든 스마트폰만 있으면 영어를 학습할 수 있는 시대이다. 저자도
사용하고 있는 핸드폰 영어 앱을 소개한다.

1 | CNN

너무나 유명한 언론사이기 때문에 부연 설명은 필요 없겠다. 시사와 최신 뉴스를 비디오나
글로 접하고 싶은 학습자에게 추천한다.

2 | myTuner Radio

세계 각국의 다양한 라디오 방송국의 프로그램을 스마트폰으로 들어볼 수 있게 만들어놓은
앱이다. 즐겨찾기를 설정해놓을 수도 있고 장르별, 도시별, 국가별 라디오 방송 프로그램을
검색하여 실시간으로 라디오 청취를 할 수 있다.

3 | Arirang TV

한국의 국영 영어 방송국 아리랑 TV에서 제공하는 뉴스 앱이다. TV로 송출된 방송물들을
주제별로 정리해두어 한눈에 내용을 미리 파악한 뒤 관심 있는 내용을 골라볼 수 있다. 자
투리 시간에 영상을 보며 한국과 관련한 소식을 영어로 공부해보고 싶은 학습자들에게 추
천한다.

4 | Arirang Radio

아리랑 TV에서 제공하는 라디오 앱이다. 실시간으로 방송을 들을 수도 있고 사전 녹음된
뉴스를 찾아 듣는 것도 가능하다. 라디오 앱인 만큼 Arirang TV와는 달리 음원만 제공이 되

기 때문에 이동 중에 한국 뉴스를 영어로 접해보고 싶은 학습자들에게 추천한다.

5 | NPR

앞서 여러 차례 추천한 NPR Radio의 앱 버전이다. 실시간 라디오를 들을 수도 있고 글로 된 뉴스 기사들을 읽을 수도 있다.

6 | BBC News

개인적으로 매우 즐겨 사용하는 앱이다. BBC는 영국 국영 언론 매체이지만 이 앱의 BBC World Service는 세계 각국의 소식을 영국식 영어뿐만 아니라 미국식 영어로도 전해준다. 이 기능은 상단 메뉴바에서 가장 오른쪽에 있는 LIVE라는 메뉴로 가면 사용이 가능한데, 최대 장점은 24시간 쉴 새 없이 방송이 된다는 점이다. 언제, 어디에서든 내가 원할 때 이 앱을 켜면 세계가 돌아가는 상황을 영어로 듣고 공부할 수 있기 때문에 청해력을 키우고 싶은 학습자들에게 강력히 추천하는 앱이다.

7 | Audible

아마존이 운영하는 Audible은 오디오북 서비스이다. 평소 바쁜 일상 탓에 독서를 많이 하지 못하는 상황이라면 오디오북을 통해 영어 공부도 하고 지식도 쌓고 문화생활도 해보자. 앞서 소개한 앱들과는 달리 Audible은 유료 앱이다. 매달 2만 원 정도의 금액을 내면 주말 포함 매일매일 〈뉴욕 타임스〉와 〈월스트리트 저널〉 뉴스를 다운받아 들어볼 수 있고, 매달 오디오북 한 권을 다운로드받을 수 있다. 정기적으로 사용하지 않을 것 같다면 한 달 정액을 내는 방법 외에 오디오북을 권당 가격을 지불하고 구매하는 방법도 있다. 하지만 오디오북은 한 권당 가격이 1만 원에서 2만 원 정도 되기 때문에 월 정액권을 구매하는 편이 훨씬 더 돈이 절약된다.

8 | TED

NPR Radio와 함께 여러 번 소개한 웹사이트 TED의 스마트폰 앱 버전이다. 웹사이트에 직접 방문할 때처럼 interactive transcript (대본의 특정 부분을 누르면 그 부분으로 영상이 넘어가는 기능) 는 제공되지 않지만, 강연 자막은 끄거나 켜서 볼 수 있다. 강연이 재생 중일 때 화면을 한 번 터치하면 오른쪽 상단에 자막을 끄고 켜는 옵션이 나온다. 청해 실력 또는 학습 단계에 따라 자막을 끄거나 켜고 학습을 해보자.

9 | Cake

네이버 산하에 있는 스노우라는 회사 내 영어 앱 제작팀이 만든 무료(2019년 2월 기준) 앱이다. 유튜브에 있는 영상들을 따와서 다른 여러 영상들과 엮어 학습 자료를 제공한다. 발음 판정 기능, 섀도잉 연습 기능 등 다양한 기능이 있으며 바쁜 일상 중 영어 공부를 잊는 일이 없도록 학습 시간 알람을 설정해둘 수도 있다. 학습자의 기호에 맞는 채널을 케이크 앱 내에서 구독하는 것도 가능한데 내가 운영 중인 Bridge TV 채널도 개설이 되어 있으니 구독을 해보길 바란다.

10 | Cambly

미국에 본사를 둔 유료 일대일 화상 영어 서비스이다. 24시간 언제, 어디에서든 접속만 하면 원어민 교사들이 상시 대기하고 있으며 원어민 교사의 교사 자격증 소지 여부, 출신 국가, 억양, 학생들 평점 등을 미리 확인하고 수업을 시작할 수 있다. 모바일 기기를 통해 서로의 얼굴을 보며 수업을 진행하기 때문에 장소에 구애받지 않고도 실제 대화 상황과 아주 유사한 상황에서 학습을 할 수 있다.

요금은 수업 시수, 시간, 멤버십 갱신 주기에 따라 천차만별인데 주 5일, 매일 15분씩 수업을 하는 1년 멤버십을 구입하게 되면 한 달에 나가는 비용은 약 7만 4천 원이다. 직접 시간을 들여 찾아가야 하는 오프라인 일대일 회화 수업들이 같은 시간 수업 시 월 12만 원 정도 한다는 점을 고려하면 매우 합리적인 가격이다.

11 | 튜터링

일대일 전화 영어 서비스를 중심으로 다양한 커리큘럼을 제공하는 유료 학습 앱이다. Cambly와 마찬가지로 교사의 배경에 대해서 간략하게 확인해볼 수 있으며 학습자가 원할 때 곧바로 수업을 시작할 수 있고 미리 마음에 드는 교사와 시간 약속을 잡을 수도 있다. 학습자에 대한 레벨 테스트를 진행한 뒤 학습자의 수준에 맞게 다양한 커리큘럼을 제공한다. 요금은 1년 144개 수업 기준 월 5만 4천 원대.

12 | 오잉글리시

섀도잉 기능과 영어 발음 판정 기능이 갖춰진 유료 영어 학습 앱. 영어 학습 초보자부터 상급자에 이르기까지 다양한 학습 수요를 충족시켜줄 수 있는 풍부한 콘텐츠를 자랑한다. 학습자 간 학습 시간 순위를 매김으로써 학습 동기를 자극하며 남녀노소 모두 흥미를 갖고 학습할 수 있도록 애니메이션부터 뉴스에 이르기까지 다양한 영상 자료를 제공한다. PDF 교재 파일을 다운받아 원어민 선생님과 전화 영어 학습도 가능하다. 가격은 1년 가입 기준 한 달 2만 원 초반대.

영어 학습에
도움이 되는
웹사이트 소개

1 | Dictionary.com (www.dictionary.com)

원어민들도 많이 사용하는 사전 사이트. 특정 표현에 대한 많은 정의와 어원 등 다양한 내용을 한데 모아 볼 수 있다는 것이 장점이다. 단, 영어 초보 학습자들에게는 단어 뜻이 너무 많아서 그중 어떤 뜻이 본인이 찾고자 하는 뜻인지 판단하기 어려울 수 있다.

2 | Thesaurus.com (https://www.thesaurus.com)

Dictionary.com 사이트와 연동되는 유의어 사전. Dictionary.com에서 상단에 있는 Thesaurus 메뉴를 클릭해도 접속이 가능하다. 단어의 정의별 유의어들을 한데 모아주어 관련 표현들이 어떠한 것이 있는지 확인해볼 수 있다. 유의어를 찾아보는 것에서 그쳐서는 안되고 각 유의어별 뉘앙스나 정확한 뜻이 무엇인지를 따로 사전에서 검색하여 찾아보아야 한다.

3 | MacMillan Dictionary (www.macmillandictionary.com)

개인적으로 내가 가장 많이 사용하는 사전 중 하나이다. MacMillan 사전의 장점은 가장 보편적으로 많이 쓰이는 정의들만 모아 간략하고 명쾌하게 설명해준다는 것이다. Dictionary.com의 경우 다양한 뜻을 설명해주어서 좋긴 하지만 너무 많은 정의를 제공하다보니 때로는 혼동을 야기할 수 있는 반면, MacMillan 사전은 가장 많이 쓰는 단어의 뜻들만 간추려 정리해주기 때문에 내가 원하는 뜻을 빠르게 찾아 확인해볼 수 있다.

최초 방문 시 기본 설정은 영국식 영어로 되어 있다. 미국식 영어 학습을 원하는 학습자는 우측 상단 메뉴의 More ▶ Options ▶ Select American English or British English에서 박스 클릭 후 American 선택 ▶ Save 버튼을 클릭하면 미국식 영어를 기준으로 검색해볼 수 있다.

4 | Longman Dictionary (www.ldoceonline.com)

역시 내가 가장 많이 사용하는 사전 중 하나이다. Macmillan 사전은 가장 보편적으로 많이 쓰는 뜻을 일목요연하게 정리해주는 것이 장점이지만 간혹 예문이 없는 경우가 있다. Longman 사전은 거의 모든 표현에 예문이 제공된다. 사용 빈도가 극히 드문 단어의 경우 간혹 사전 자체에 등재된 예문이 없는 경우도 있으나 이럴 때도 Examples from the Corpus 란을 통해 말뭉치 검색 결과에서 찾은 예문들을 제공해준다.

예문이 탄탄하다는 것 외에 Longman 사전이 지닌 또 다른 장점은 바로 비원어민 학습자들을 위한 배려이다. 단순히 정의를 내리고 예문을 제시하는 것에서 끝나지 않고 비원어민 학습자들이 자주 하는 문법 실수라든지 연어 실수 등등을 정리하여 올바른 사용법을 알려준다.

5 | Oxford Online Collocation
Dictionary (www.freecollocation.com)

학습자들이 부자연스러운 표현을 뱉게 하는 연어 실수. 이를 막기 위해서는 수시로 연어 규칙을 확인해야 하는데, 이때 많은 도움을 받을 수 있는 사이트이다. 매우 고난이도인 어휘들을 제하면 대부분 함께 쓰이는 부사, 동사, 전치사 등 연어 규칙을 한눈에 확인해볼 수 있다.

6 | Online Etymology Dictionary (www.etymonline.com)

영어 단어를 효과적으로 외우기 위해 필요한 어원을 검색해볼 수 있는 사이트이다. 영어로 설명이 되어 있지만 중요 어근을 설명한 부분이 굵은 글씨로 표시되기 때문에 그 부분을 중심으로 앞뒤에 나온 어근 설명을 보면 어근의 뜻을 찾는 것이 어렵지 않을 것이다.

7 | Urban Dictionary (www.urbandictionary.com)

일종의 속어·은어 사전이다. 정제된 언어에 대한 데이터만 제공하는 일반 사전들과는 달리 일상생활에서 실제로 사용되는 속어·은어를 비롯해 비속어, 약어, 채팅 용어, 신조어 등 다양한 표현들을 찾아볼 수 있다. 영상을 통한 영어 학습 시 이 사전을 자주 활용할 일이 생길 것이다.

단, Urban Dictionary는 위키피디아(Wikipedia)처럼 개개인 사용자들이 각 표현에 대한 정의를 작성하는 크라우드소싱(crowdsourcing) 형태이기 때문에 내용의 정확도 및 신빙성은 구글 검색을 통해 재확인할 필요가 있다.

8 | BBC Learning English (www.bbc.co.uk/learningenglish)

BBC 방송국에서 영어 학습자들을 위해 운영하고 있는 사이트이다. 초보자부터 고급 학습자들까지 두루두루 배워볼 수 있는 흥미롭고 다양한 눈높이의 학습 자료들이 제공된다.

9 | Learn English Kids (Britich Council)
(learnenglishkids.britishcouncil.org)

영국 문화원이 제공하는 어린이용 영어 학습 사이트이다. 실제 어린아이들이 처음 영어를 배울 때 사용할 수 있는 여러 자료들을 제공하는데, 영어를 외국어로 배우는 성인 초보 학습자에게도 적합한 난이도이다. 듣기, 쓰기, 읽기, 문법, 어휘 등 다양한 분야별 학습 자료가 제공된다.

10 | ESL Fast (www.eslfast.com)

영어를 외국어로 학습하는 사람들을 위해 영어로 된 음성과 텍스트 자료를 제공하는 사이트이다. 난이도별 다양한 텍스트들이 제공되어 자신의 영어 실력에 맞춰 텍스트를 골라 학습에 활용할 수 있다. 청해나 섀도잉 연습에 필요한 자료를 얻기에도 좋은 사이트이다.

11 | Open Culture (www.openculture.com/freeaudiobooks)

잘 알려진 무료 오디오북 사이트. 저자의 이름이 알파벳 순으로 정리가 되어 있으며 동화에서 고전까지 다양한 콘텐츠들을 무료로 다운받거나 스트리밍하여 들을 수 있다.

영어 학습에
도움이 되는
유튜브 채널 소개

1 | Learn English with EnglishClass101.com

영어 문법, 영어 프레젠테이션, 청해 등 다양한 내용에 대한 강의가 풍부하게 준비되어 있다. 운영자가 수시로 실시간 라이브 방송을 해 직접 강의를 제공하기도 한다.

2 | Jimmy Kimmel Live

미국의 유명한 토크쇼 호스인 지미 키멜 라이브 쇼의 유튜브 채널이다. 지미 키멜의 입담을 들으며 기분 좋게 웃으며 시청할 수 있는 채널. 미국 유명인사들도 자주 출연해 재미를 더한다.

3 | 션 파블로 Sean Pablo

한국어를 잘하는 미국인 션 파블로가 운영하는 유튜브 채널. 중간중간 파블로 씨가 한국어를 섞어 쓰기도 해 초급 학습자도 큰 부담 없이 시청하며 학습을 할 수 있는 채널이다.

4 | CollegeHumor

코미디 영상을 제작하는 대형 유튜브 채널이다. 영어 자막을 끄거나 켜고 볼 수 있어 학습용으로 사용하기 좋다. 한참 웃으며 공부를 하다보면 영어를 모국어로 쓰는 사람들의 유머코드를 좀 더 이해할 수 있게 될 것이다.

5 | Rachel's English

앞서 소개한 바 있는 발음 학습 유튜브 채널이다. 각각의 발음기호부터 다양한 발음 팁에 이르기까지 탄탄한 콘텐츠를 갖추고 있어 학습자에게 매우 유용한 채널이다. 모든 설명이 영어로만 제공되어 초보 학습자의 경우 부담이 느껴질 수 있으나 영어 발음기호를 설명해 주는 콘텐츠의 경우 소리와 입 모양만 보아도 큰 도움이 될 것이다.

6 | The School of Life

사람들이 정신적·심적 안정을 찾을 수 있게 도와주기 위해 개설된 채널이다. 흥미로운 주제의 다양한 영상들이 게재되어 있으며 중상급 학습자들이 학습 시 활용하기에 좋다.

7 | 박개대

한국에 대해 잘 아는 미국인 남성이 운영하는 유튜브 채널. 최근에는 예전에 비해 영상 업로드 빈도가 줄기는 했지만, 기존에 올려놓은 영상들만으로도 충분한 학습 자료가 될 수 있다. 이 채널은 한국과 미국에 대해서 흥미로운 주제로 이야기를 풀어나가는 영상들이 주를 이룬다. 영상 자체에 영어와 한국어 자막이 삽입되어 있다. 따라서 듣기 후 분석이나 섀도잉 연습 등 다양한 학습 활동에 활용이 가능하다.

8 | 영국남자 Korean Englishman

워낙 유명한 유튜브 채널이라 이미 들어봤거나 구독을 하고 있는 독자들도 많을 줄로 안다. Josh라는 성격 좋고 훈훈한 영국 남자가 운영하는 이 채널은 영어와 한국어 자막을 모두 제공해 학습자들이 내용도 즐기면서 영어 공부도 동시에 할 수 있는 채널이다. 할리우드 스타 방한 시 Josh가 직접 인터뷰를 하기도 하고, 외국인들에게 한국 불닭볶음면을 먹여보기도 한다. 이처럼 창의적이고 재미있는 영상들이 가득한 채널이다.

9 | 올리버쌤

굉장히 유명한 원어민 영어교육 유튜브 채널. 한국어 능력까지 갖춘 원어민 선생님인지라 한국인들의 영어 실수에 대해 깊은 이해를 하고 있다. 거의 모든 강의를 한국어로 진행하기 때문에 더 친근하게 다가오는 올리버 선생님의 유튜브 강의는 나도 즐겨 보는 콘텐츠이다.

10 | Michael Elliott

올리버 선생님과 마찬가지로 모든 강의를 한국어로 진행하는 원어민 영어교육 채널. 올리버 선생님이 장난스럽고 친근한 이미지라면 마이클 앨리엇 선생님은 좀 더 차분하고 신뢰감을 주는 이미지이다. 한국 학교에서 배우기 어려운 영어들을 가려운 곳 긁어주듯이 설명해주는 능력이 탁월하다. 학습자들이 오랫동안 궁금해했을 내용들을 속 시원히 설명해주는 명강의들이 많이 올라와 있다.

한 달
말하기 개선
학습 자료

매일 일상 혹은 자유 주제에 대한 간단한 문장을 만들어보고 소리 내어 말해보기를 반복하자. 월말이 될수록 복잡한 문장을 만들어보자.

1주차

가장 쉽고 흔히 쓰이는 문장구조인 "주어 + 동사 + 목적어 (S +V +O) 구조"로 다소 어색한 문장의 나열이 될지라도 개의치 말고 하루 일과에 대해 말하는 연습을 해보자. 사전을 활용하여 단어를 찾아 세 문장을 먼저 만들고 그다음 크게 소리 내어 여러 번 읽어본다. 반복을 통해 외워진다면 외워서 읊어보는 것도 좋다. (주말은 쉬거나 다른 공부를 해 보자.)

예시 | I watched a movie. The villain killed the hero. I liked it. (나는 영화를 보았다. 악당이 영웅을 죽였다. 나는 그 영화가 좋았다.)

Day 1

_____

_____

Day 2

_____

_____

Day 3

_____

_____

Day 4

_____

_____

Day 5

_____

_____

2주차

"주어 + 동사 + 목적어 (S +V +O) 구조"에서 동사에 부사를 더해 "주어 + 부사 + 동사 + 목적어"와 같이 수식을 하는 연습을 해보자. 좀 더 자연스러운 문장이 될 것이다. 역시 하루 일과에 대해 말하는 연습을 해보자. 사전을 활용하여 단어를 찾아 세 문장을 먼저 만들고 그다음 크게 소리 내어 여러 번 읽어본다. 반복을 통해 외워진다면 외워서 읊어보는 것도 좋다. (주말은 쉬거나 다른 공부를 해보자.)

예시 | I finally watched the movie. The villan almost killed the hero. I really liked it. (나 드디어 그 영화를 보았어. 영웅이 악당한테 거의 죽을 뻔했지. 정말 재미있었어.)

Day 1

_____

_____

Day 2

_____

_____

Day 3

_____

_____

Day 4

_____

_____

Day 5

_____

_____

3주차

"주어 + 부사 + 동사 + 목적어 구조"에 관계대명사절을 더해 자유 주제의 문장을 만들고 말하기 연습을 해보자.

관계대명사라고 어렵게 생각할 필요 없다. 관계대명사는 앞서 나온 명사를 꾸며주는 형용사 덩어리에 불과하다.

관계대명사절을 만들려면 "주어 + 부사 + 동사 + 목적어 구조"의 마지막 단어인 목적어 뒤에 "관계대명사 that을 붙인 뒤 주어 + 동사"를 붙여보면 된다.

익숙해지기 전까지는 문장이 완전하지 않아도 좋다. 의사소통만 되면 된다는 생각으로 문법이나 단어 쓰임의 어색함에 너무 구애받지 말고 반복 연습을 해보자.

사전을 활용하여 단어를 찾아 이번에는 두 문장을 먼저 만들고 그다음 크게 소리 내어 여러 번 읽어본다. 반복을 통해 외워진다면 외워서 읊어보는 것도 좋다. (주말은 쉬거나 다른 공부를 해 보자.)

예시 1 | I finally watched the movie that you recommended. The villain almost killed the hero that I like. (나 드디어 네가 추천한 그 영화를 보았어. 내가 좋아하는 영웅이 악당한테 거의 죽을 뻔했지.)

예시 2 | I really liked the book that I purchased. I recommended the book that I liked. (내가 구입한 책이 정말 마음에 들었어. 내가 마음에 들었던 책을 추천했어.)

Day 1

_____

_____

Day 2

_____

_____

Day 3

_____

_____

Day 4

_____

_____

Day 5

_____

_____

4주차

"주어 + 부사 + 동사 + 목적어 + 관계대명사 that + 주어 + 동사 구조"가 익숙해졌다면 이번 주에는 "주어 + 부사 + 동사 + 목적어 + 관계대명사 that + 동사 + 목적어 구조" 사용 연습을 해보자.

3주차에서 관계대명사절에 "주어 + 동사"만 갖춰지고 "목적어"가 없었다면, 이번 주에는 "동사 + 목적어"만 갖추고 "주어"가 없는 경우이다.

익숙해지기 전까지는 문장이 완전하지 않아도 좋다. 의사소통만 되면 된다는 생각으로 문법이나 단어 쓰임의 어색함에 너무구애 받지 말고 반복 연습을 해보자.

사전을 활용하여 단어를 찾아 이번에도 두 문장을 먼저 만들고 그 다음 크게 소리 내어 여러 번 읽어본다. 반복을 통해 외워진다면 외워서 읊어보는 것도 좋다. (주말은 쉬거나 다른 공부를 해 보자.)

예시 1 | Today I met the guy that helped me. He said something that means a lot. (나 오늘 나를 도와준 그 남자를 만났어. 그 사람이 나한테 의미가 큰(따뜻한) 말을 해줬어.)

Day 1

_____

_____

Day 2

_____

_____

Day 3

_____

_____

Day 4

Day 5

한 달
발음 개선
학습 자료

YouTube 브릿지 TV에서
실제 발음을 들어보며 공부하세요.

발음을 개선하고 싶은 학습자들을 위해 한 달간 매일 5분씩 투자해서 할 수 있는 발음 학습 부록을 마련했다. 주어진 문장을 읽고 녹음한 뒤 음성 파일을 틀어 발음과 설명을 들어보자.

Day1. It was seven when I woke up. (눈을 뜨니 7시였다.)

Day2. I took a warm shower before I ate my breakfast.
(따뜻한 물로 샤워를 마치고 아침식사를 했다.)

Day3. I put on my new suit and left home for work at 8.
(새로 산 정장을 입고 8시에 출근을 하기 위해 집을 나섰다.)

Day4. It was another beautiful day in New York.
(이렇게 뉴욕의 아름다운 하루가 또 시작됐다.)

Day5. The subway was packed as usual, but my work was only three stops away.
(전철은 언제나처럼 사람들로 가득했지만, 세 정거장만 가면 회사였기 때문에 괜찮았다.)

Day6. I was listening to an audio book when someone tapped me on the shoulder.
(오디오북을 들으면서 출근을 하고 있는데 누군가 와서 내 어깨를 두드렸다.)

Day7. "Mike? Eleanor Roosevelt High School?"
(혹시 마이크 아니니? 엘리너 루스벨트 고등학교 나온?)

Day8. "Jessie? Hey, how have you been?" (제시니? 오, 어떻게 지냈어?)

Day9. It was Jessie, my high school crush. She didn't change a bit. (내가 고등학교 때 짝사랑했던 제시였다. 변한 것 없이 그대로였다.)

Day10. The way she talked, the way she laughed, it was exactly as I remembered her.
(말하는 것도, 웃는 것도, 내가 기억하는 제시의 모습 그대로였다.)

Day11. We've never seen each other since graduation.
(졸업 후에 단 한 번도 서로 만난 적이 없었다.)

Day12. "Wow, hey, I got to get off here. It was great to see you again." (와... 아, 근데 나 이제 내려야 돼. 오늘 봐서 너무 반가웠어.)

Day13. "Oh, alright. Umm . . . here, my office is in the Financial District." (아, 그래. 음... 여기, 나 사무실 금융구 쪽이야.)

Day14. She handed me her business card. Stock broker?
(제시는 내게 명함을 건넸다. 주식 브로커라고?)

Day15. But she was a piano major. How can you go from a pianist to a stock broker?
(제시는 피아노 전공이었다. 피아노를 치던 사람이 어쩌다가 주식 브로커가 된 거지?)

Day16. A week passed, and I forgot about Jessie.
(그로부터 일주일이 지났고, 제시를 만난 일에 대해서 완전히 잊고 있었다.)

Day17. You know, I'm 34. I have priorities.
(내 나이가 올해 서른넷인데. 챙겨야 할 일들이 많을 나이 아닌가.)

Day18. Until I ran into her again in an elevator.
(그러다가 제시를 엘리베이터에서 다시 만난 것이다.)

Day19. "Hey, Mike. How's it going?" (마이크, 또 보네?)

Day20. "Hey, uh . . . wow. What are you doing here?"
(어, 어... 여긴 무슨 일이야?)

Day21. She was visiting her friend, who turned out to be my neighbor. (제시는 친구 집에 놀러 왔다고 했다. 그 친구가 내 이웃일 줄이야.)

Day22. "Yeah, she recently moved into this apartment."
(응, 내 친구 여기로 이사 온 지 얼마 안 됐어.)

Day23. "Is that right? Umm . . . Hey, we should grab dinner sometime." (진짜? 음... 야, 우리 언제 저녁이라도 같이 할래?)

Day24. Wow, did I just say that? In high school, I wasn't brave enough to ask her out.

(내가 제시한테 이런 말을 하고 있다니, 믿을 수가 없었다. 고등학교 때는 제시에게 데이트 신청 할 용기도 없었는데.)

Day25. Well, I didn't "ask her out." It was just two high school friends having dinner together.

(사실 따지고 보면 데이트 신청도 아니었다. 그냥 고등학교 동창 둘이서 저녁 먹는 거였다.)

Day26. "I'd love to! Dinner? Next Friday?"

(완전 좋지! 다음주 금요일 시간 돼?)

Day27. "Yeah, that will work perfect for me." (응. 금요일이면 완전 한가해.)

Day28. "7:30 p.m.? I get off work at 6:30 so . . . "

(저녁 7시 반? 나 6시 반에 끝나거든.)

Day29. "Great. I know a really nice sushi restaurant in Lower Manhattan." (좋아. 내가 로어맨해튼에 스시집 좋은 곳 알거든?)

Day30. "I love sushi! You have my number right?"

(나 스시 진짜 좋아하는데! 내 번호 있지?)

한 달
쓰기 개선
학습 자료

이 책 에서 제시한 다섯 단락 에세이 형식에 맞춰 글을 쓰는 연습을 매일 조금씩 해보자. 다음 주어진 개요를 가지고 아래 제시된 일별 계획에 따라 글을 쓰는 연습을 해보길 바란다. (주말은 쉬거나 다른 공부를 해보자.)

첫째 달

주제: 폭력적인 게임은 정부의 규제 대상이 되어야 한다.

본문 1: 게임은 어린아이들의 행동에 미치는 영향력이 막대하기 때문에 적절히 통제되어야 한다.
– 97%의 아이들이 게임을 함
– 이 중 게임 내용을 모방해보았다는 아이들이 전체의 50%

본문 2: 폭력적인 게임은 폭력을 낳는다.
– 어린 아이들에게 폭력적이지 않은 게임과 폭력적인 게임을 각각 플레이하게 시켰더니 폭력적 게임을 한 아이들이 더 폭력적인 행동을 보였다.

본문 3: 폭력적인 게임은 중독성이 강하며 정신을 피폐하게 만든다.
– 폭력적일수록 중독성이 심하다는 것을 보여준 WHO 연구 제시
– WHO가 게임 중독을 마약 중독과 유사한 질병이라 규정한 사실 제시
결론: 정부는 폭력적인 게임들을 규제해야 한다. 일단 아이들의 행동에 미치는 영

향력이 막대하고 폭력 범죄를 부추기는가 하면 국민의 정신 건강도 저해한다. 따라서 정부가 적극 규제에 나서야 한다.

1주차

Day 1 | 주제문을 쓸 때 필요한 단어들을 찾아보기

Day 2 | 찾은 단어 구글 검색을 통해 유사 문장들을 찾아 모아보기

Day 3 | 구글 검색을 통해 찾은 문장들을 한국어로 번역해보기

Day 4 | 번역한 한국어 문장을 다시 영어로 재번역해보기

Day 5 | 정해 놓은 주제문 문장 써 보기 (필요 시 문법 추가 학습)

2~3주차

Day 1-2 | 본문 1, 본문 2, 본문 3를 쓸 때 필요한 단어들을 찾아보기

Day 3-4 | 찾은 단어 구글 검색을 통해 유사 문장들을 찾아 모아보기

Day 5-6 | 구글 검색을 통해 찾은 문장들을 한국어로 번역해보기

Day 7-8 | 번역한 한국어 문장을 다시 영어로 재번역해보기

Day 9-10 | 정해놓은 문장들 써보기 (필요 시 문법 추가 학습)

4주차

Day 1 | 결론 단락을 쓸 때 필요한 단어들을 찾아보기

Day 2 | 찾은 단어 구글 검색을 통해 유사 문장들을 찾아 모아보기

Day 3 | 구글 검색을 통해 찾은 문장들을 한국어로 번역해보기

Day 4 | 번역한 한국어 문장을 다시 영어로 재번역해보기

Day 5 | 정해놓은 문장들 써보기 (필요 시 문법 추가 학습)

Violent video games should be strictly regulated by the government. There are three reasons for this. First, video games have significant impacts on children's behavior that their content needs to be controlled properly. Second, violent games increase violence. Finally, violent games are highly addictive and therefore can harm the public's mental health.

First of all, video games have profound impacts on growing children's behaviors that it is essential that the government properly control their content. Statistics show that 97 percent of children play video games, and as many as 50 percent of them say they have mimicked behaviors described in video games. Considering how influential video games can be, the government has all the reasons to control what kinds of games are put out on the market.

Another reason why violent games should be strictly regulated is that they increase violence. Researchers from the University of Oxford brought in 50 boys and girls aged 12 or below in order to study how violent games affect developing children's behaviors. They split them into two groups and instructed one of the groups to play non-violent video games and the other group to play violent games for five consecutive hours. Researchers found that the latter group was 12 percent more likely to engage in violent behaviors after playing the games.

These games not only increase violence but it is highly addictive and therefore can seriously undermine the public's mental health. According to a recent study published by the World Health Organization, the more violent video games are, the more addictive people find them. Recently, the WHO has even decided that game addiction is a disease that is as serious as drug addiction. In other words, violent games can hurt people's mental health significantly.

To recapitulate, the government needs to strictly regulate violent video games given their influence on children's behaviors, their link to violence and potential mental damage they can cause.

예시 에세이 전문 해석

정부는 폭력적인 게임을 엄격하게 규제해야 한다. 여기엔 세 가지 이유가 있다. 첫째, 게임은 아이들의 행동에 지대한 영향을 미쳐 게임 콘텐츠에 대한 적절한 규제가 필요하다. 둘째, 폭력적인 게임과 폭력 범죄는 강한 상관관계가 있다. 마지막으로 폭력적인 게임은 중독성이 높아 대중들의 정신 건강에 위해를 끼친다.

먼저, 게임은 자라나는 아이들의 행동에 미치는 영향이 막대하다. 따라서 정부가 게임 콘텐츠를 적절하게 통제하는 것이 매우 중요하다. 통계 자료를 보면 어린이들 중 97%가 게임을 하는 것으로 조사되고 있다. 이 중 게임에 묘사된 행동들을 모방해 본 적이 있다고 답한 아이들은 무려 50%나 된다. 게임의 영향력이 이처럼 상당하다는 점을 고려하면 정부가 시장에 출시되는 게임 내용을 검열할 근거는 충분하다.

이 외에도 폭력적인 게임을 정부가 엄격히 규제해야 하는 이유가 또 있다. 바로 폭력적인 게임이 폭력을 부추긴다는 것이다. 옥스퍼드대 연구원들은 12세 이하 남녀 50명을 대상으로 폭력적인 게임이 자라나는 아이들의 행동에 어떤 영향을 줄 수 있는지 살폈다. 연구팀은 아이들을 두 그룹으로 나눠 한 그룹은 폭력적이지 않은 게임을, 또 다른 한 그룹은 폭력적인 게임을 5시간 연속 플레이하도록 했다. 그 결과 폭력적인 게임을 한 두 번째 그룹의 경우 게임을 하고 나서 폭력적인 행동을 보일 가능성이 12퍼센트 더 높은 것으로 드러났다.

폭력적인 게임은 이처럼 폭력을 부추기기도 하지만 동시에 매우 중독성이 있어서 국민의 정신건강을 심각하게 해칠 여지도 있다. WHO의 최근 연구에 따르면 게임의 폭력성이 증가할수록 중독성도 함께 증가하는 것으로 나타났다. WHO는 게임 중독을 마약 중독만큼 심각한 질병이라고 규정하기도 했다. 이는 폭력적인 게임이 대중의 정신 건강을 심각하게 해할 수 있다는 것을 보여준다.

　지금까지 다룬 요점을 정리해보자면 다음과 같다. 폭력적인 게임은 아이들에게 미치는 영향이 크고 폭력 범죄와 상관관계가 있으며 국민 정신건강을 해칠 수 있기 때문에 정부의 엄격한 규제가 필수이다.

NOTE

NOTE

NOTE

NOTE

습관 영어